Palabras de mediodía

Noon Words

Palabras de mediodía

Noon Words

Poems by Lucha Corpi

Translated into English by Catherine Rodríguez-Nieto

Arte Público Press
Houston, Texas

This volume is made possible through grants from the National Endowment for the Arts and the City of Houston through The Cultural Arts Council of Houston, Harris County.

Esta edición ha sido subvencionada por el Fondo Nacional para las Artes y la Ciudad de Houston por medio del Concejo Cultural de Arte de Houston, Harris County.

Recovering the past, creating the future

Recuperando el pasado, creando el futuro

Arte Público Press
University of Houston
Houston, Texas 77204-2174

Cover design by / Diseño de la cubierta por Giovanni Mora

Corpi, Lucha, 1945–
    Palabras de mediodía = Noon Words / by Lucha Corpi; English translation by Catherine Rodríguez-Nieto.
        p.   cm.
    ISBN 1-55885-322-7 (pbk. : alk. paper)
        1. Mexican Americans—Poetry.   I. Title: Noon Words.
    II. Rodríguez-Nieto, Catherine, 1937–   III. Title.
    PS3553.O693 P35 2001
    811'.54—dc21   00-068259
                                                        CIP

First published by/Primera publicación por El Fuego de Aztlán Publication, California, 1980.

⊚ The paper used in this publication meets the requirements of the American National Standard for Information Sciences—Permanence of Paper for Printed Library Materials, ANSI Z39.48-1984.

1 2 3 4 5 6 7 8 9 0   10 9 8 7 6 5 4 3 2 1

A mi hijo Arturo

Contents

Prefacio

Han pasado más de veinte años desde que se publicó *Palabras de mediodía / Noon Words* (1980) por primera vez. Con este libro, Lucha Corpi se consagró como poeta. Diez años más tarde, publicó otro libro de poemas, *Variaciones sobre una tempestad / Variations on a Storm* (1990). Desde entonces, también se ha establecido como escritora de ficción con *Delia's Song* (1989), *Eulogy for a Brown Angel* (1992), *Cactus Blood* (1995), y su más reciente publicación *Black Widow's Wardrobe* (1999). Pero incluso en su ficción es evidente que Lucha Corpi es poeta. Uno puede verlo en sus descripciones, en el cuidado que pone al colocar las palabras y en el sonido de las frases. Por lo tanto, es con gran placer que damos la bienvenida a la nueva publicación de *Palabras de mediodía / Noon Words*, uno de los libros de poesía más líricos de la literatura chicana.

Lucha Corpi nació en Jáltipan, México, en 1945. Llegó a los Estados Unidos como una joven esposa, se hizo estudiante, tuvo un hijo, Arturo, y se recibió de las Universidades de California en Berkeley y San Francisco. Se hizo profesora y escritora, recibiendo muchos reconocimientos por su escritura. Los levantamientos políticos en Berkeley (y el resto de los Estados Unidos) durante los sesenta (el Movimiento Estudiantil 3rd World) y el activismo del Movimiento Chicano tuvieron un fuerte impacto en Corpi tanto filosófica como políticamente. El recuento de muchas de estas luchas se incluye en sus novelas. *Delia's Song* trata del

Movimiento Estudiantil 3rd World y de su participación en él, y el trasfondo de *Eulogy for a Brown Angel* es el Movimiento Chicano.

El prólogo a *Palabras de mediodía / Noon Words* fue escrito en 1979 por el autor mexicano Juan José Arreola. Es sorprendente que una poeta joven, como Corpi, recibiese la atención de un escritor tan conocido. En este prológo, Arreola se muestra impresionado con la habilidad que Corpi tiene con las palabras, enfatizando que el mundo no había conocido de grandes poetas mujeres porque no les habían dado el tiempo necesario para desarrollar su escritura.[1] Él compara la poesía de Corpi con la de grandes poetas latinoamericanas como Sor Juana Inés de la Cruz, Juana de Ibarborou y Alfonsina Storni, reconociendo que en su tiempo, estas mujeres fueron descartadas como escritoras serias e incluso fueron objeto de la mofa de los hombres. Mientras Arreola no encuentra, en la poesía de Corpi, el "tono de resentimiento" que ve en mucha de la poesía escrita por mujeres, él, sin embargo, ve su poesía como "intuitiva" y femenina. Arreola lucha con la dicotomía hombre/mujer, pero define claramente a Corpi como escritora (que es lo que es), hablando desde la perspectiva de una mujer pero "como un ser humano, de una manera sencilla y sin sentimentalismo" (xxxi).

Quizás la poesía de Corpi era demasiado innovadora y creativa para la época en la que Arreola estaba escribiendo el prólogo y que éste no comprendió lo que ella escribió. Esta colección de poemas es una clara narrativa lírica de la lucha de una mujer contra el silencio y el deseo de expresarse. Ésta es una lucha filosófica y política al mismo tiempo. Porque la voz lírica surge del interior, de un espacio cerrado, de los quehaceres domésticos, y de la casa, los objetos que se encuentran dentro de ésta son, simultáneamente, símbolos de opresión y de liberación. Desde el inicio de los poemas hasta el final del libro, tenemos un recuento de su lucha por hablar, de obtener una subjetividad, y de ser su propio agente de narración. Las dicotomías del silencio versus la oratoria/escritura, lo cerrado versus la libertad, lo privado versus lo público y la desesperación de la noche versus las resoluciones que se encuentran en la luz del sol del mediodía ilustran esta lucha filosófica.[2]

La búsqueda creativa apreciada desde los primeros poemas en el libro es un viaje artístico. Es visto como una semilla que espera la fertilización, es una sed que asusta con sus múltiples posibilidades. La página en blanco llama a la escritora, ruega que se escriba sobre ella, que las experiencias de la vida se impriman en ella, diciendo, "Escribe en mí/escribe/¡Qué terrible/morir limpia!" (4). Corpi reconoce el imperativo de la escritura, la necesidad que guía a la expresión, y la lucha por ésta. Este puede ser un encuentro doloroso con la realidad cuando las exigencias de la vida no permiten ni el tiempo ni la libertad para esa escritura. Pero si bien es cierto que mantenerse quieto/a produce una vida de comodidad, también permite a la escritora no enfrentar el dolor y las dificultades que se enfrentan en la escritura. En el tercer poema de la serie, cae la lluvia. Esta lluvia fertiliza los campos ancestrales evocando la herencia mexicana de Corpi. Le recuerda esas escenas domésticas comiendo dulce de calabaza y tomando atole, alimentos de alivio de su infancia. Estos momentos permanecen como piedras de toque a través de toda su travesía.

Cuando las semillas han sido fertilizadas, una serie de imágenes empieza a rodar por los recuerdos de su mente. En "Solario", va imaginando un paisaje tropical lleno de árboles de mangos y naranjas, repleto de figuras míticas mexicanas como la Chaneca (una versión regional de la Llorona), conforme la voz lírica busca su "solario de amor". Ella recuerda un momento cuando, a los tres años de edad, Tirso, la persona que cargaba agua, le enseñó a maldecir, ese lenguaje negativo reverberante en su lengua le ocasionó que le lavaran la boca con jabón. Claramente, para Corpi, esta fue una experiencia devastadora al compararla con la idea de que le corten la lengua con una navaja de afeitar. Esta es una imagen a la que Corpi recurre cuando evoca a las mujeres silenciadas por la sociedad, sus lenguas son cortadas o rebanadas para silenciarlas.[3] De tal manera, la lucha por hablar se hace aún más intensa. Este solario, que es la casa de su abuela, le dejó una inquietud. En su siguiente poema, "Solario nocturno", el pueblo de San Luis está lleno de imágenes de la iglesia católica y de la religión. Allí, por primera vez, aprende la lección de la indiferencia de la iglesia hacia los pobres, hacía los que sufren, y dice "el terrible pecado del silencio" (32).

En otros poemas incluídos en esta colección, lo doméstico, lo cotidiano, funcionan como símbolos ambivalentes. Su casa se convierte en un letrero de "contrapuntos" en una balanza. Mientras que por un lado, está llena de sonidos y de risas de niños, una cornucopia de naranjas y café, al terminar el día, está llena de melancolía. Es como una rosa llena de pétalos y, al mismo tiempo, llena de espinas, llena de fruta madura pero también herida por el dolor que provoca la sal en las heridas. Ella desea conocer los misterios de la vida: "hacia dónde van / los gitanos / cuando se marchan" (42).

El quehacer doméstico de la vida diaria se convierte en algo tan exigente que en "Protocolo de verduras" ya no hay tiempo ni "para la melancolía". La escritura tiene que darse en los tiempos libres, después de las tareas del hogar. Sin embargo, hay una inversión interesante donde lo doméstico, que al inicio ha impedido la actividad creativa, se convierte en la propia inspiración del acto creativo. Hasta la criatura más pequeña, el caracol, la hormiga pasan por el escrutinio del poeta para adquirir su significado.

Conforme el poeta lucha por elevar lo cotidiano, lo ordinario o lo privado a un nivel de significación más alto, ella también empieza a luchar por hacer que su voz se escuche en la esfera pública. Aunque Corpi no es una activista política estridente en estos poemas, ella hace comentarios en una forma aguda y lírica. En "Mariachi Indocumentado", comenta sobre la deportación de trabajadores indocumentados al escribir sobre los instrumentos musicales que dejaron atrás. La guitarra, el violín y la trompeta han sido callados porque "No hay músicos,/ no hay cantantes,/ la migra se los llevó" (77).

Estas injusticias llevan a la poeta a recordar una serie completa de injusticias y escenas atadas a su herencia y a la condición del chicano y de la chicana en los Estados Unidos. Medita sobre el día de los muertos, sobre el oportunismo político y los sueños rotos. Esta vida pública en la que entra es frenética, exigente y con frecuencia, desilucionante.

La próxima serie de poemas, empezando con "Romance de una niña" trata de las vidas de distintas mujeres: María, Guadalupe, Verónica, Emily Dickinson y finalmente de la voz lírica misma. Estas son mujeres que han sido difamadas, violadas, descartadas, y abandonadas sin esperanza. Tal vez una de las figuras de la literatura chicana más reinterpretada es la de Malintzín/ la Malinche/ Doña Marina, la indígena mexicana que fue intérprete (*la lengua*) para Hernán Cortés. Esta figura trágica y fundamental aparece como símbolo central tanto en la ficción de Corpi (*Black Widow's Wardrobe*) así como en los "Poemas de Marina" incluídos en este libro. Corpi nos dice que siempre estuvo fascinada por Marina (Malintzín es su nombre cristiano) y sintió una identificación personal con ella.

Ellos dicen que Marina es hasta del mismo pueblo de donde soy yo. Hay un cerro que se llama "el Cerro de la Malinche" donde dicen que nació. El pueblo está a unos cuantos kilómetros de Tabasco y dicen que Marina era de la tribu de los tabasqueños. Es posible que el imperio tabasqueño se haya extendido hacia mi pueblo porque está bastante cerca. Marina podría ser de allí. Otra identificación con Marina es la cuestión de su hijo. Con mi divorcio surgió la pregunta de si él debía vivir con mi exmarido o conmigo. Por primera vez, me enfrente ante la posibilidad de que mi hijo creciera lejos de mí . . . el hijo de Marina y Hernán Cortés, Martín Cortés, le fue arrebatado a ella cuando aún era un bebé y criado en España. Cuando regresó, ella no era su madre; ella era la indígena que fue violada por su padre.[4]

Es evidente, además, que la identificación va más allá, como se da en muchas escritoras chicanas que sienten una afinidad con la Malinche/Marina como traductoras atrapadas en dos mundos. Estos temas se analizan en los "Poemas de Marina". No obstante, Marina se encuentra atrapada en la historia del silencio, debido a que nunca habla, Corpi la reivindica. Se le representa como un ser místico, una sabia filtrada en la tradición con la capacidad de ver el futuro. Con estos poderes psíquicos y siendo ella misma una semilla a medio germinar, sus tradiciones y su sabiduría florecerán en el futuro, en el futuro de la escritora chicana de poesía y ficción.

Mientras todas las mujeres nombradas aquí por Corpi comparten la historia del olvido, su legado[5] se restaura por medio de la escritura y de la memoria. Por lo tanto, Emily Dickinson, aunque no fuera reconocida en su momento, es sembradora de jardines que darán su fruto en el futuro.

En sus últimos poemas, la poeta entra en una etapa más metafísica y contemplativa donde finaliza la travesía. La voz lírica afirma que ella ha vivido, prensada entre las hojas de un libro como una rosa. Pero desde la desesperación del dolor, aprende a apreciar la luz. Es por medio de esta travesía artística, de dolor, silencio, y memoria donde la poeta y su voz se insertan en la articulación. Toma "con una mano firme/ lo que era mío [suyo]/ desde un principcio" (154). Lleva sus recuerdos, sus preguntas a su escritura y sus imágenes a las calles.

Y qué decir
de la mía
que busca amor
y sencillez
de luz
y a cada paso
encuentra
el púrpura
del misterio
que la rinde
toda llena
de palabra. (162)

La travesía de Corpi ha florecido. Empezó con el silencio, se aventuró a lo doméstico, exploró su etnicidad y sus raíces, continuó con su mirada hacia el exterior, y ha terminado en la plena luz. Ella sigue siendo la investigadora. Ella busca el amor, la satisfacción, las respuestas a sus preguntas. Pero con sus palabras y con el poder suspendido allí, en la luz del sol del mediodía, ella se ha convertido en una mujer que habla y que cuestiona. Es una mujer que entiende que la articulación de las preguntas es, en cierta medida, su respuesta.

Tey Diana Rebolledo
University of New Mexico

Notas

[1] Claramente su opinión. Ahora hay muchos que discuten esto.

[2] En su cuidadoso estudio del libro de Corpi, Marta Sánchez cree que la lucha principal de su poesía es una de liberación sexual y satisfacción. Mientras que esto también puede ser una lucha, la que se expresa con más evidencia es la de la voz. Ver Sánchez, *Contemporary Chicana Poetry* (Berkeley: University of California Press, 1985) pp. 139–213.

[3] En *Delia's Song*, Delia sueña que le han cortado la lengua.

[4] Barbara Brinson-Pineda, "Poets on Poetry: Dialogue with Lucha Corpi," *Prisma* (Spring, 1979): pp. 4–9.

[5] Favor de referirse a la discusión sobre los "Poemas de Marina" en Rebolledo, *Women Singing in the Snow* (Tucson: University of Arizona Press, 1995): pp. 64–72.

Preface

It has been more than twenty years since *Palabras de Mediodía/Noon Words* (1980) was first published. With this book, Lucha Corpi firmly established herself as a poet. Ten years later she published another books of poems, *Variaciones sobre una tempestad/Variations on a Storm* (1990). Since then she has also established herself as a writer of fiction, with *Delia's Song* (1989), *Eulogy for a Brown Angel* (1992), *Cactus Blood* (1995), and *Black Widow's Wardrobe* (1999). But even in her fiction, it is evident that Lucha Corpi is a poet. One can see it in her descriptions, in her careful placement of words, in the sound of the phrases. So it is with great pleasure that we salute the re-publication of *Palabras de Mediodía/Noon Words*, one of the most lyrical books of poetry in Chicano literature.

Lucha Corpi was born in Jáltipan, México in 1945. She came to the United States as a young wife, became a student, had a son, Arturo, and received her degrees from the University of California, Berkeley and San Francisco State. She became a teacher and a writer, receiving many awards for her writing. The political upheavals at Berkeley (and the rest of the United States) during the 1960s (the Third World Student Movement and the activism of the Chicano Movement) had great impact on Corpi both philosophically and politically. The account of many of these struggles are included in her novels. *Delia's Song* deals with the Third World Student Movement and her participation in it, and the background for *Eulogy for a Brown Angel* is the Chicano Movement.

The prologue to *Palabras de Mediodía/Noon Words* was written in 1979 by Mexican author Juan José Arreola. It is impressive that the young poet, Corpi, would receive the attention of such a well known writer. In this prologue Arreola is impressed with Corpi's ability with words, stressing that the world had not known many great women poets, because they had not been given the time to develop their writing.[1] He compares Corpi's poetry to that of the great Latin American poets Sor Juana Inés de la Cruz, Juana de Ibarbourou and Alfonsina Storni, acknowledging that in their time these women were discounted as serious writers and even made fun of by men. While in the poetry of Corpi Arreola does not find a "tone of resentment" that he sees in much of the poetry of women, he nonetheless sees her poetry as "intuitive" and feminine. He struggles with the man/woman dichotomy, yet clearly identifies Corpi as a woman writer (which she is), speaking from a woman's perspective but "simply and unsentimentally as a human being" (xxviii).

Perhaps Corpi's poetry at the time that Arreola wrote the prologue was so innovative and creative that Arreola did not understand what she was writing. This book of poems is a clear lyrical narrative of a woman's struggle against silence and of the desire to express herself. This is a struggle that is at the same time philosophical and political. Because the lyric voice comes from an interior, enclosed space, the house, the domestic actions and things that are found within the house are simultaneously symbols of oppression as well as of liberation. From the beginning of the poems to the end of the book, we have an account of her struggle to speak, to seize subjectivity, and to become the agent of her own narration. The dichotomies of silence versus speech/writing, enclosure versus liberty, private versus public, and the despair of night versus the resolutions to be found in the light of the noonday sun illustrate this philosophical struggle.[2]

The creative search seen from the first poems in the book is an artistic journey. It is envisioned as a seed waiting to be fertilized, it is a thirst that frightens by its possibilities. The blank page beckons to the writer, begging to be written upon, to have life's experiences imprinted on it, saying "Write on me/write/ How horrible/to die clean" (5). Corpi recognizes the writer's imperative, the driving necessity to express oneself, the striving for that expression. This can be a painful encounter with reality when life's demands do not allow the time or the liberty for that writing. But to keep still, while it allows for a life of comfort, also allows the writer not to confront the pain and the difficulties encountered in writing. In the third poem of the series, the rain falls. It fertilizes ancestral fields, evoking Corpi's Mexican heritage. It reminds her of the comfort foods of her youth, those domestic moments eating *dulce de calabaza* and drinking *atole*. These domestic moments will remain as touchstones throughout this journey.

Once the seed has been fertilized, a series of images begins to tumble around from the memories of her mind. In "Solario/ Sunscape" she envisions her tropical landscape filled with orange and mango trees and populated with Mexican mythic figures Mexican such as Chaneca (a regional version of La Llorona), as the lyric speaker searches for her "solario de amor." She recalls a moment when, at the age of three, Tirso the water-carrier taught her to swear; that negative language reverberating across her tongue caused her to experience a mouthwashing with laundry soap. Clearly this was a devastating experience as she compares it to having her tongue cut with a razor. This is an image Corpi recurs to when envisioning how women are silenced by society: their tongues are cut out or sliced in order to quiet them.[3] Thus, the struggle to speak becomes even more poignant. This sunscape, which is her grandmother's house, left in her a restlessness. In the next poem "Solario nocturno," the town of San Luis is filled with images of the Catholic Church and of religion. There she first learns the lesson of the church's indifference to the poor and the suffering, and, as she tells us, "el terrible pecado del silencio/the terrible sin of silence" (33).

In other poems included in this collection, the domestic, the quotidian, functions as an ambivalent sign. Her house becomes the signpost of "counterpoints" on the balancing scale. While on the one hand it is filled with the sounds and laughter of children, a cornucopia of oranges and coffee, at the end of the day it is filled with melancholy. She is like a rose, full of petals, yet full also of thorns, full of ripe fruit, but also hurt by the sting of rocksalt in wounds. She desires to know life's mysteries: "where do the gypsies go when they leave town?" (43)

The domestic work of everyday life becomes so demanding that in "The Protocol of Vegetables" there is no time any more, "even for melancholy." The writing must take place whenever there is leisure, after household duties are done. There is an interesting inversion, however, where the domestic, which at the outset has impeded creative activity, becomes the very inspiration for the creative act. Even the smallest creatures, the snail, the ant, come under the poet's scrutiny for their meaning.

As the poet struggles to make meaningful that which is everyday, ordinary, and private, so too does she begin to struggle to make her voice heard in the public sphere. Corpi is no strident political activist in these poems. Instead she makes her comments in a poignant, lyrical way. In "Underground Mariachi," she comments on the deportation of undocumented workers by writing about the musical instruments they have left behind. The guitar, the violin, and the horn are silenced, mute because, "There are no musicians/there are no singers/la migra picked them up" (76).

These injustices send the poet reminiscing on an entire series of injustices and scenes connected with her heritage and with the Chicano condition in the United States. She meditates on The Day of the Dead, political opportunism, and broken dreams. This public life she enters is frantic, demanding and often disillusioning.

The next series of poems, beginning with "Romance of the Little Girl," is about the lives of women: Marina, Guadalupe, Verónica, Emily Dickinson and finally the lyric speaker herself. These are women who have been maligned, raped, left behind, left without hope. Perhaps one of the most re-interpreted figures in Chicana literature is that of Malintzin/ La Malinche/ Doña Marina, the Mexican Indian who was the interpreter (*la lengua*) for Hernán Cortés. This pivotal and tragic figure appears as a central symbol in both Corpi's fiction (*Black Widow's Wardrobe*) as well as in her "Marina Poems" in this book. Corpi tells us that she was always fascinated by Marina (Malintzin's Christian name) and felt a personal identification with her.

They say that Marina was even from the town where I'm from. There is a hill called "el Cerro de la Malinche," where they say she was born. The town is a few kilometers from Tabasco, and they say Marina was from the tribe of the Tabasqueños. It is possible that the Tabasqueño empire extended to my town, because it is so close. Marina could be from there. Another identification with Marina was the matter of her son. With my divorce there was the question of whether my son would live with my ex-husband or with me. For the first time, I was confronted with the possibility of my son growing up away from me . . . Martín Cortés, Marina's son by Hernán Cortés, was taken from her as a baby and raised in Spain. When he came back, she wasn't his mother; she was the Indian woman his father had raped. (Brinson-Piñeda, 6)[4]

It is clear, moreover, that the identification goes further, as it does with many Chicana writers who feel an affinity with Malinche/Marina as translators trapped between two worlds. These issues are examined in the "Marina Poems." While Marina is caught in the history of silence, since she never speaks, she is nevertheless revindicated by Corpi. She is represented as a mystic, a sage seeped in tradition, and able to see into the future. With these psychic powers, and herself a half-germinate seed, her traditions and knowledge will come to fruition in the future, in the future of the Chicana writer and poet.

While all the women here named by Corpi share in the history of oblivion, their legacy[5] is restored by writing and by memory. Thus Emily Dickinson, while not recognized in her time, is a sower of gardens that will give their fruit in the future.

In the final poems of the book, the poet enters into a more metaphysical, contemplative stage where the journey finalizes itself. The lyric voice states that she herself has lived, crushed within the pages of a book, like a rose. But from the despair of pain, she learns to appreciate the light. It is through the artistic journey, the pain and silence and memory, that the poet inserts herself and her voice into articulation. She takes "with a firm hand what was mine from the start" (155). She takes her memories, her questions into writing, her images into the streets.

And what shall I say
of mine
that looks for love
and the simplicity

of light
and finds
at every step
the purple
of mystery
that fills it
full
of words. (163)

Corpi's journey has come to fruition. She began with silence, ventured into the domestic, explored her ethnicity and her roots, continued with her outward gaze, and has finished in plain light. She is still the searcher. She searches for love, for fulfillment, for the answers to her questions. But with her words and their power suspended there in the light of the noonday sun, she has become a woman who speaks and who questions. She is a woman who understands that the articulation of the questions is, in a way, their answer.

Tey Diana Rebolledo
University of New Mexico

Notes

[1]Clearly his opinion. Today there are many who would dispute that.

[2]In her careful study of Corpi's book, Marta Sánchez believes that the primary struggle of the poetry is that of sexual liberation and fulfillment. While that may also be a struggle, it seems more expressly clear that the struggle is that toward voice. See Sánchez, *Contemporary Chicana Poetry* (Berkeley: University of California Press, 1985) pp. 139–213.

[3]In *Delia's Song*, Delia dreams that her tongue has been cut out.

[4]Barbara Brinson-Pineda, "Poets on Poetry: Dialogue with Lucha Corpi," *Prisma* (Spring, 1979): pp. 4–9.

[5]Please see the discussion of the "Marina Poems" in Rebolledo, *Women Singing in the Snow* (Tucson: University of Arizona Press, 1995): pp. 64–72.

Prólogo

Cada vez que un amigo o una amiga me da a leer sus versos, siento miedo, siento una especie de temor de leer algo que no me satisfaga. Como quiero a la persona, casi le pido a Dios que las cosas sean buenas, para poderlo decir así con toda confianza y con toda tranquilidad de conciencia crítica de lector y de maestro en talleres de literatura. En el caso de Lucha Corpi, como en otros casos afortunados de mi vida, siento que ese miedo, ese temor, se ha transformado en felicidad al ver que ella ha acertado.

Conocí a Lucha Corpi antes de que ella lograra escribir lo que quería. Ella fue huésped en mi taller de literatura en Berkeley. En ese tiempo yo no había leído nada de ella, y creo que ni siquiera mostraba todavía sus versos. Cuando leí su primera colección de poemas en *Fireflight: Three Latin American Poets*, abrí los ojos y sentí la alegría de que una persona a quien yo quiero haga una poesía tan buena. Y para confirmar lo que digo, basten estos cinco versos:

> Algo del mar
> se me quedó
> en las venas:
> La salada emancipación
> de las aguas inquietas.

En estos cinco versos tan sencillos hay algo muy notable: por una parte, la experiencia personal, la visita, la entrada en el mar. Por otra parte, en esas aguas inquietas hay la insatisfacción respecto a lo social, respecto a la vida propia, una insatisfacción en un mundo injusto que se asemeja al oleaje. Además es salado, por lo cual se deduce también una amargura. (No sabemos hasta qué punto el agua del mar es más salada o más amarga.) Esa sal, esa amargura del mar queda en sus propias venas, en su propio ser, pero lejos de convertirse en resentimiento se transforma en la salada emancipación, es decir, la probable libertad, tanto del ser propio como la de todos los elementos que componen un grupo, una entidad.

> La salada emancipación
> de las aguas inquietas

es un acierto y un ejemplo de lo que es la poesía, porque señala no solo la esperanza sino la posibilidad de una vida nueva, diferente.

La poesía de Lucha Corpi va de la experiencia cotidiana, incluso de la doméstica, a la experiencia también cotidiana pero de la conciencia y del sentimiento propio; de los azares de la amistad y del amor a la participación en todo lo que es afán colectivo de renovación, de liberación, de búsqueda de un mundo mejor.

A la mujer, a lo largo del tiempo, los hombres la hemos envilecido. Todavía cuando yo era niño y después, de adolescente, oía lo mismo a los hombres de un pueblo que a los poetas que de joven conocí en México referirse irónica y humorísticamente al oficio poético de la mujer. En el caso de una Alfonsina Storni o de una Juana de Ibarbourou, se hablaba irónicamente de aquellos versos ardientes, como si la intención de ellas fuera ofrecerse o llamar la atención. Cuando eran muy serias simplemente se decía, "Nunca podrán escribir."

Al hablar de los grandes poetas hablamos predominantemente del género masculino. No es que las mujeres no tuvieran capacidad poética; la tuvieron desde el primer día del mundo, pero nunca les dejamos tiempo. Las abrumamos de tareas aparte de aquellas que ya la vida les ha dado. El mundo de la mujer es el mundo de las intuiciones. Y es evidente que el reino de la intuición es el reino de la poesía y de las invenciones científicas también. Los grandes descubrimientos científicos son arrebatos de intuición, son ocurrencias. Pero a la mujer, al ser más intuitivo, no le hemos dejado desarrollar racional, lógica, científica y artísticamente sus intuiciones. Las excepciones son pocas, porque las mujeres escritoras, por ejemplo, aparte de su talento, necesitan que se les permita desarrollarlo. Sor Juana Inés de la Cruz nunca hubiera sido lo que es, si no hubiera habido cerca de ella personas que—por un misterio que todavía nadie puede aclarar—aceptaron que una niña aprendiera a leer y a escribir. En muchos lugares, incluso en mi pueblo, era mal visto que las mujeres leyeran. A muchachas que eran un poco mayores que yo cuando era niño, no las dejaban leer. Es, por lo tanto, fácil de comprender ese tono de resentimiento tan frecuente en la poesía escrita por mujeres, esa especie de cólera, y ese afán de decirlo todo.

Sara de Ibañez es la primera, despues de Sor Juana, que abandona ese tono de resentimiento y que, en las palabras de Pablo Neruda, somete el arrebato pasional al rigor del pensamiento estético que logra una belleza gobernada por la razón. Aparte de otros valores que iré enumerando más adelante, es importante notar que en Lucha Corpi hay esa voz también que es humana, y ese orden de sentimientos que pertenecen a todos los seres de la tierra, percibidos y dichos con una sensibilidad calibrada y finamente femenina pero gobernada por una inteligencia muy notable. En Lucha Corpi no se queda uno a pensar quién escribió estos versos. ¿Fue una mujer? ¿Fué simplemente un poeta? Puedo mencionar, por ejemplo, su poema "Del ajedrez". No se nota el esfuerzo de desaparecer en cuanto a persona femenina. Tampoco tiene el afán de escribir como un hombre, sino que escribe tranquilamente como un ser humano. Sin irse al extremo de parecer más hombre que los hombres, abarca varios campos de la escala humana, que van desde la percepción del mundo de su infancia hasta el transplante cultural, el amor, la maternidad, y la lucha social. Porque a pesar de ser joven ha tenido una vida muy rica de experiencias, y todo en ella ha sido muy importante.

En "Solario nocturno" explora ese mundo de la infancia.

> San Luis
> con su alma de piedra
> cincelada
> por los cascos indómitos
> del sol

¡Eso es precioso! El sol que da sobre las piedras arranca de ellas brillos, como un caballo que golpea las piedras y saca chispas con las herraduras.

> tenía
> la hipnotizante
> melancolía
> de un tambor de cuaresma

Esto a mí me toca muy de cerca. Lucha Corpi, como yo, pertenece a una tradición cristiano-católica dentro de la cual se conmemora, a lo largo de cuarenta días, todo to que es el sacrificio final del hombre que vino a la tierra a recordarnos que éramos portadores de Dios. La cuaresma, también en mi pueblo, Zapotlán, es la temporada melancólica del año.

> y el misterio enlutado
> del violeta
> bordado en el sayal
> del corazón.

Esto es muy hermoso. En la cuaresma, y sobre todo en la Semana Santa, el color del luto es el morado; tanto así que Cristo lleva un cinturón morado y la Virgen de la Soledad está vestida con un sayal morado. Del rojo de la pasión, que puede ser amor divino o amor sensual, y del azul, que es un sentimiento de lo divino, se hace el violeta, el morado luctuoso. Así

> y el misterio enlutado
> del violeta
> bordado en el sayal
> del corazón

es un acierto extraordinario. Y el luto de este corazón viene por el recuerdo de esa ciudad de canteras labradas, que tiene un aire, toda ella, conventual, una ciudad profundamente religiosa, que de pronto despierta en el "Solario nocturno". El título del poema es, en sí, ya todo un programa. En la poesía de Lucha Corpi aparece más de una vez el tema de la búsqueda del solario. El solario es la percepción total de la luz y del calor del sol, de la vida. Muchas veces en la noche, uno se muere de frío, de soledad y de silencio. Podría entonces pensarse que tal vez la noche pasional fuera el solario, es decir, la negación de lo que en la noche es sombra, soledad y frío. En "Solario" y "Solario nocturno", ella traza el contorno de su infancia y de su adolescencia.

Más adelante, en "Cofradía de inservibles" se redondea la experiencia acumulada a lo largo de una vida, cuando dice:

> De vez en cuando
> me refugio ahí
> ausente de mí misma
> como una mancha de tinta   en el papel indiferente

El poeta muchas veces tiene la impresión de no ser más que tinta negra o roja, de pasión, pena o soledad, que cae en el papel frío que con su blancura casi lo amenaza, diciéndole que no puede llenarlo, que no puede decir sobre él todo lo que le acontece. O bien, como en "Quedarse quieto . . .", el papel pide que escriba sobre él, pero toda proposición de decir algo, toda voluntad tropieza con la mudez del papel. De pronto, cae en un abismo

> como una estrella atrapada   en un gran hueco sideral
> sin manos   sin piel   sorda
> y muda

Piensa uno en los "agujeros negros". ¡Es una idea monstruosa de la soledad! Hay un momento, generalmente por la noche, en que hacemos un balance, examinamos la conciencia para establecer el saldo, el estado de cuenta:

> y presido sacerdotisa
> nocturna
> la ceremonia diabólica
> de todas las cosas rotas
> e inconclusas de mi vida.

xxix

Uno de los poemas capitales del libro es "Dos de noviembre en junio". El título ya es muy importante, porque junio es el mes radical del año, el más henchido, más solar, más resonante. La misma palabra y la voluntad esa de primavera-verano, es extraordinaria. Por lo tanto, imaginar el Día de Muertos en la plenitud del año es profundamente simbólico, pues en el corazón de la vida están ya las semillas de la muerte.

Por otro lado hay un pasaje que me dejó realmente conmovido. Desde hace tantos años he vivido y he convivido con personas más jóvenes, y he compartido con ellos la esperanza, la ilusión de un cambio y de una vida mejor. Y he visto a través de los años a estos jóvenes muy llenos de voluntad y de entusiasmo que decaen en cuanto se acomodan en la vida o encuentran dentro de la misma lucha revolucionaria un acomodo. Siguen todavía hablando, y cuando tienen don poético siguen escribiendo poéticamente, pero ya están acomodados. Así entran a un nuevo negocio como todos aquellos comerciantes y todos los dueños de este mundo a los cuales han atacado, pasando ellos a ser también a su manera dueños, un poco, de este mundo. Una de mis grandes preocupaciones es sentirme consciente y no traicionar lo que en mi hay todavía de hombre capaz de salvarse, de no entregarme a una explotación de mí mismo y de las ilusiones de los demás. Este poema me recuerda situaciones que viví tantas veces en México y en Estados Unidos.

Un letrero
me guiña el ojo:
"Entra, compañera,
estás en tu casa"
—Caras morenas,
ojos empañados,
un sabor de vino agrio
y caña fermentada
en el ambiente.

En este pasaje tan notable hay una visión muy clara de la ausencia de verdad en la realidad que vivimos. Es tremendo porque es una gran desilusión, la decepción que nos causan tantas personas que debían ser de otro modo.

Un autonombrado
poeta revolucionario
en el podio
lo denuncia todo;
borracho de retórica
y con la panza repleta
de aplauso
abandona la sala
después
con los contoneos
de un pavorreal
al son ton bon
de la flauta y del bongó.

Es tan difícil mantener en la palabra el acento de la sinceridad y el aspecto de la humildad en medio de toda ostentación y exhibicionismo. Lucha Corpi en realidad es un ser humano de los que más claramente están diciendo esto en este momento.

Hacía mucho tiempo que yo no oía una voz poética de mujer que hablara con tal sencillez, con tal energía, y que estuviera tan llena de afortunados hallazgos poéticos. De pronto brinca de las páginas la iluminación poética. Su voz tiene ese valor tan notable ahora entre la poesía escrita por mujeres, de que no hay que pensar en ningún momento acerca de lo que yo llamo la dicotomía hombre-mujer; porque yo pienso en un ser original humano, que ha sido, como en el mito platónico, dividido. La mujer y el hombre padecemos la separación y está muy mal que hablemos sólo como hombres o sólo como mujeres. Lucha Corpi habla como un ser humano, de una manera sencilla y sin sentimentalismo. Su poesía es, por lo tanto, uno de los mejores ejemplos que conozco de poesía verdaderamente auténtica escrita por una mujer.

Juan José Arreola
México, D.F.
16 de agosto de 1979

Prologue

Each time a friend of mine asks me to read his or her poems, I experience real fear—the fear of reading something that will not satisfy me. Because I love the person, I pray to God the poems will be good, so I can praise them in all good conscience as a reader and as a teacher of literary workshops. In the case of Lucha Corpi, as on other happy occasions in my life, that fear has changed to joy at seeing the quality of her work.

I met Lucha Corpi before she had begun writing as she wanted to write. She was a guest in my literature workshop in Berkeley. At that time I had not read anything of hers; I believe she was not showing her poems to anyone. So when I read her first collection of poems in *Fireflight: Three Latin American Poets*, I was delighted that someone I love was writing such good poetry. These four lines will illustrate my point:

> Something of the sea
> stayed in my veins:
> The salty freedom
> of restless waters.

There is something remarkable in these simple lines: on the one hand, the personal experience of a visit, of walking into the sea. On the other hand, those restless waters symbolize her discontent with society, with her personal life in a world of injustice, a discontent that resembles the waves. The water is salty as well, and from this we can deduce bitterness. (The distinction between the saltiness and the bitterness of sea water is a fine one.) That salt or bitterness of the sea stays in her veins, in her being, but rather than becoming resonant it develops into a salty freedom, that is to say, probable liberty, in her own self and in all the elements composing a group or social entity as well.

> The salty freedom
> of restless waters.

is a fine example of what poetry is, pointing not only toward hope but toward the actual possibility of a new and different life.

The poetry of Lucha Corpi moves from daily and domestic experience to the experience—also daily—of consciousness and feeling; from the hazards of friendship and love to involvement in the collective longing for renewal and liberation, the search for a better world.

Throughout the ages, men have demeaned women. When I was a child, and later, as an adolescent, I often heard men in the village and the poets I met as a young man in Mexico refer ironically or facetiously to the poetic endeavors of women. In the case of Alfonsina Storni or of Juana de Ibarbourou, the men would talk ironically about those ardent poems, as though the poets were only trying to attract sexual attention to themselves. Of women who wrote more soberly, they simply said, "They will never be able to write."

When we speak of great poets we generally mean men. Not that women have no capacity for poetry; they have had it since the world began, but we have never given them time. We overwhelm them with tasks over and above those life has given them. The world of women is the world of intuition; and clearly, the domain of intuition is the domain of poetry and of great scientific inventions as well. Scientific discoveries are strokes of intuition, hunches. But we have not allowed women, the most intuitive of all beings, to develop their intuitions rationally, logically, scientifically or artistically. The exceptions are few, because women writers, for example, must have not only talent but also the opportunity to develop it. Sor Juana Inés de la Cruz would never have been what she is had she not been surrounded by people who—for reasons no one has yet explained—allowed a girl to learn to read and write. In many places, including my village, it was considered improper for women to read. When I was a child, girls a little older than I were not allowed to read. So it is easy to understand that tone of resentment so frequently found in poetry written by women, the anger, the need to unburden themselves.

Sara de Ibañez is the first woman writer, after Sor Juana, to abandon that tone of resentment and, in the words of Pablo Neruda, submit the violence of passion to the rigor of aesthetic thought, to produce beauty governed by reason. In addition to qualities I will mention later, that voice is heard in Lucha Corpi's work—a voice that is eminently human. There is also that order of emotions common to everyone, perceived and expressed through a sensibility that is finely tuned and feminine, yet governed by an outstanding intelligence. When reading Lucha Corpi we have no need to wonder who wrote these poems—a woman?—or simply a poet? I might mention, for example, her poem "Chess." There is no evidence here of a wish to disappear as a feminine person, or to write like a man; on the contrary, she writes simply as a human being. Without trying to seem more of a man than men themselves, she moves through a wide range of human experience, from the world of her infancy to her life in another culture, to love, motherhood, social struggle. Because although she is young, she has had a life rich in experience, and all this has been very important in her formation.

In "Nocturnal Sunscape" she explores the world of her childhood;

> San Luis
> with its soul of stone
> chiseled
> by the untamed hoofs
> of the sun

This is priceless! The sun striking the stones draws sparks from them, like a horse drawing sparks from the stones it strikes with its shoes.

> possessed
> the hypnotic
> melancholy
> of a Lenten drum

I find this personally very touching. Lucha Corpi belongs, as I do, to a Christian-Catholic tradition which commemorates during forty days the final sacrifice of the man who came to earth to remind us that we are all bearers of God. In my village, Zapotlán, as in San Luis, Lent is the melancholic season of the year.

> and the somber mystery
> of violet
> embroidered on the sackcloth
> of its heart.

This is very beautiful. During Lent, and especially during Holy Week, the color of mourning is purple; Christ wears a purple sash, and the Virgin of Solitude is dressed in a purple robe. From the red of passion, which may signify either divine or sensual love, and blue, a symbol of the divine, comes violet, the purple of mourning. Thus

> and the somber mystery
> of violet
> embroidered on the sackcloth
> of its heart

is an extraordinary image. And the mourning of this heart comes from the memory of that city of carved rose granite with its pervasive conventual atmosphere—a profoundly religious city that suddenly comes to life in "Noctural Sunscape." The title of the poem is a whole production in itself. In the poetry of Lucha Corpi the theme of the search for a sunlit place is a recurrent one. A sunscape is a total perception of the light and warmth of the sun, of life. Often at night we die of cold, of loneliness and silence. So we could think of a night of passion as a sunscape, that is, the negation of the darkness, loneliness and cold of night. In "Sunscape" and "Nocturnal Sunscape" the poet traces the shape of her infancy and her adolescence. Later on, in "Secret Society of Failures," the experience gathered during her life is developed further when she says

> From time to time
> I take refuge there
> absent from myself
> like an ink-stain   on indifferent paper

A poet often has the impression of being no more than ink—black or red, of passion, sorrow or solitude—falling on cold paper that almost threatens with its whiteness, refusing ever to be filled, ever to bear the account of all that happens to him or her. Or, as in "Keeping still . . . ," the paper begs the poet to write on it, yet every effort at expression, every intention, is blocked by its muteness. Suddenly the poet falls into an abyss

> like a star trapped   in a great sidereal hole
>   without hands   without skin   deaf
>   mute

This evokes "black holes"—a monstrous concept of loneliness! There comes a time, usually at night, when we go over our accounts, examine our conscience to find out what our balance is:

> and I preside, nocturnal
>   priestess
> over the diabolic ceremony
> of all the broken, unfinished
> things in my life

One of the most important poems in the book is "Day of the Dead in June." The title itself is significant, because June is the radical month of the year, the most abundant, the most sunlit, the most resonant. The very word and intent of springsummer is extraordinary, and to imagine the Day of the Dead in the fullness of the year is profoundly symbolic; in the heart of life the seeds of death are already sown.

There is a passage in this poem that I found especially moving. For many years I have lived among and with young people, and shared with them their hope, their dream of change and a better life. And over the years I have seen these young people, so full of good will and enthusiasm, lose sight of their ideals as they become settled in life or find, within the revolution itself, a niche. They go on talking, and if they are poetically gifted they go on writing poetry, but they have become comfortable. So they enter into a new business like all the merchants and all the owners of this earth they have attacked, becoming owners of the earth themselves, in their own way. One of my deepest concerns is to preserve my conscience and not betray what remains in me of a man capable of salvation, not to give in to an exploitation of myself and of the dreams of others. This poem reminds me of many experiences I have had in Mexico and the United States.

> A sign winks
> at me:
> "Come in, comrade,
> this house is yours"
> —Dark faces,
> clouded eyes,
> and in the air
> the flavor of sour wine
> and fermented sugarcane.

In this exceptional passage there is a very clear vision of the absence of truth in the reality in which we live. This has tremendous significance, because it is a source of great disillusionment to realize that so many people are not what they should be.

> From the podium
> a self-proclaimed
> revolutionary poet
> is denouncing everything;
> afterwards,
> drunk on rhetoric
> his belly full
> of applause
> he leaves the room

strutting
like a peacock
to the bim boom bom
of the flute and bongo.

To remain humble and continue to speak sincerely in the midst of ostentation and vainglory is very difficult. Lucha Corpi is, in truth, one of the people saying this most clearly now.

It had been a long time since I had heard the poetic voice of a woman speak with such simplicity, such energy, and so many fortunate discoveries. Poetic illumination springs from these pages. Her voice has that quality so valuable in poetry written by women now, that does away with the need to think about what I call the man-woman dichotomy; because I think of an original human being that has been, as in the Platonic myth, divided. Woman and man suffer equally from the separation, and it is very wrong for us to speak only as men or only as women. Lucha Corpi speaks, simply and unsentimentally, as a human being. For that reason her poetry is one of the best examples I know of truly authentic poetry written by a woman.

Juan José Arreola
Mexico City
August 16, 1979

Translator's Notes

Rain

Tlaloc	the god of rain in Indian mythology.
Teponaztle	Indian drum used to announce the celebration of festivities in honor of the gods.
Atole	a drink made from corn.

Sunscape

I

Chaneca—There is, in the folklore of many countries, a legendary or phantasmal figure of a mourning woman. La Chaneca is a regional variation from Veracruz of the Mexican Llorona (weeping woman). She appears beneath the ceiba (cottonwood) tree, especially near creeks or rivers.

II

Francisco Gabilondo Soler was known for many years to children all over Latin America as Cri-Cri, the Singing Cricket. The songs he wrote and sang over the radio were eventually recorded, and so continue, even after his death, to win for him the love of those children's children.

Marina Mother

Doña Marina was a young native woman given in slavery to Hernán Cortés after his arrival in Mexico. She served him as guide, interpreter, comrade-at-arms, and nurse throughout the conquest, and bore him a son. When Cortés was preparing his marriage to a Spanish noblewoman, he made a gift of land to Marina and married her to one of his lieutenants. Contemporary accounts of the conquest attest to the extraordinary beauty, intelligence, courage and loyalty of this woman, but the attitude of subsequent generations of Mexicans toward her has been ambivalent. She is both idolized as mother-goddess and reviled as a traitor—her Indian name, Malinche, has become a synonym for treachery.

Como la semilla en espera
de la benevolente lluvia
el verso sediento calla.
Su quietud se desparrama
en los adentros y me asusta
su sequedad mustia y blanca.

Like the seed that waits
for gentle rain
my poem is silent in its thirst.
Its quietude scatters
inside me and I am frightened
by its withered whiteness.

Quedarse quieto
es suprimir el dolor
que recorre la espalda
cuando de repente
volteamos
y no hay nadie
y seguimos el ritmo amarillo
de los jilgueros
cayendo   girando
girando   cayendo

El libro en la mano
se queda abierto
El mundo se detiene
no por nosotros
sino en lo nuestro
Y por segundos
todo se vuelve
a la primera página
innumerada
blanca
sedienta
de una gota de tinta
que le recuerde
la impureza
del tiempo viviente
y que parece murmurar
"Escribe en mí
escribe
¡Qué terrible
morir limpia!"

Keeping still
is a way of suppressing the pain
that races along the spine
when suddenly
we turn
and no one is there
and we follow the yellow
rhythm of the linnet
falling   turning
turning   falling

The book in our hands
stays open
The world stops
not for us but in what is ours
And for an instant
everything turns back
to the first page
unnumbered
blank
thirsty
for a drop of ink
to remind it
of the impurity
of living time
It seems to whisper
"Write on me
write
How horrible
to die clean!"

Quedarse quieto
es circundar la noche
delimitar la mañana
y posponer el mediodía
para que la tarde
no nos hiera
con su fuetazo
amarillo   púrpura
y después
azul obscuro

Quedarse quieto
es no hallar el dolor
de tu carne
y de tu aliento
y sí encontrar la tiranía
de los huesos calcinados
por el sol negro
de nuestras impotencias
por los temas intransitivos
de nuestros tiempos

Quedarse quieto
es bajar por las dunas
cuando todos mis labios
quisieran ser barcas
trasladadas a puerto
por tu cuerpo
bajo el sufragio
de un día temblando
dalias anaranjadas
sobre el pavimento

Keeping still
is a way of circling the night
setting limits on the morning
postponing noon
so the afternoon
cannot strike us
with its lash
yellow red
and later
deepening blue

Keeping still
is not confronting the pain
of your flesh and
of your breath
of confronting instead the tyranny
of bones burned white
by the black sun
of our paralyses
in the intransitive themes
of our time

Keeping still
is walking down over the dunes
when all my lips
would be boats
carried into port
by your body
beneath the benediction
of a day trembling
orange dahlias
above the pavement

en los callejones
en los portales
en todas las ventanas
desde donde algún humano
contempla el ritmo
amarillo   obscuro
obscuro   amarillo
de los pájaros hacia el río.

in the alleys
in the doorways
in all the windows
where someone
is following the rhythm
yellow dark
dark yellow
of the birds
toward the river.

Lluvia

Juncos delgados
Torrentes cadenciosos
Formas entrañables

    Ruptura y formación
        entre los maizales

Prole de Tláloc
Canción del teponaztle
surgiendo del tiempo.

En tardes de lluvia
dulce de calabaza
y atole caliente.

Pecados infantiles
Verbos infinitivos
envueltos
en verde viejo.

Rain

Slender reeds
Cadenced waterfalls
Intimate forms

    Rupture and formation
      in the cornfields

Offspring of Tlaloc
song of *teponaztle*
rising out of time.

On rainy afternoons
squash cooked with sugar
and hot *atole*.

Childish sins
Infinitives
wrapped
in antique green.

Lluvia
Heredera sibila

Gota luz
Rayo agua

aire prisión
corazón caña

Canción cristal
Palabra canto

una promesa
una mentira

en gotas de arena
escondidas.

Rain
Sybilline heiress

Drop light
Lightning water

air prison
heart sugarcane

Song crystal
word song

a promise
a lie

in drops of sand
hidden.

Solario

I

Anochecía

Ya los naranjos habían guardado
sus trajes de boda para mañana
los mangos como cúpulas verdes
de catedrales selváticas
solemnemente presidían
el oficio nocturno de los grillos.

Me senté junto al arroyo
y me lavé los pies enlodados
mientras La chaneca desde
el fondo de la noche
me observaba cavilante,
sus largas trenzas de azabache
prendidas sobre el pecho con la Cruz del Sur.

Seguí camino del olvido
y sorprendí al tecolote
en la ceiba dormido
con los ojos abiertos.

¿A quién buscas hoy?
El rayo en el poniente
me preguntó.
Busco un solario de amor.
Amor . . . El viento repitió.

Sunscape

I

Night was falling

The orange trees had put away
their bridal gowns for morning.
Mango trees like the green cupolas
of jungle cathedrals
presided in solemnity
over the night ritual of crickets.

I sat down beside the creek
and washed the mud from my feet
while Chaneca watched
hesitant
from the depths of the night
her long, jet-black braids
pinned across her breast
with the Southern Cross.

I went on toward oblivion
and suprised an owl
sleeping wide-eyed
in the ceiba tree.

The last ray of the setting sun asked:
What are you searching for today?
I am looking for a place
filled with sunlight and love.
Love . . . echoed the wind.

II

Amanece
Este rayo de sol
se talla contra
mi brazo
como pequeño felino
que busca una caricia.

Hay un hilo, un cabello
quizá, de tan delgado
imperceptible que ata
las mil cosas pequeñas
que en alguna edad
del espíritu
quedaron arrumbadas
en el desván
de la conciencia.

II

Day breaks
This ray of sunlight
stretches
along my arm
like a kitten
wanting to be petted.

A thread, a hair perhaps,
 so thin as to be
imperceptible
ties together
a thousand things
left heaped
during some age of the spirit
in the attic
of the mind.

III

Tirso se llamaba
el aguador.
Me enseño a maldecir
cuando apenas tres años
angostos pero hondos
se abrían paso
entre el verde añejo
de las sabanas.

Al oirme decir aquello
que era extraño
a mis labios
la mitad del mundo
lo celebró con risas
y la otra mitad
me podó la selva
de la lengua
con navaja de lejía.

III

Tirso
was the water-carrier's name.
He taught me to swear
when barely three years
(narrow but deep)
 were opening their way
between the ancient greens
of the savannahs.

When I said those things
so strange to my lips
in company
half my hearers
laughed;
the other half
pruned the jungle
on my tongue
with the razor
of laundry soap.

IV

Voy mirando sus manos y su boca,
tranquilos los ojos que me miran
como faroles al final de la vereda
de un bosque de mechones y sonrisas.

Mi abuela junto al fogón viejo
trenzándose el cabello.

IV

I watch her hands and mouth,
her eyes watching me, tranquil
as lamps at the end of the path
through a forest of hair and smiles.

My grandmother, sitting beside the stove,
braiding her hair.

V

En la plaza
las tehuanas frondosas
con sus voces de marimba
llamaban a los marchantes
mientras que con la brisa
de sus enaguas de encajes
espantaban a las moscas osadas.

La luz trepidaba juguetona
con cada tañido de la campana,
la algarabía de los loros
nos señalaba el camino a casa
al final de la jornada.

En aquella soleada casa
de amplio patio exterior
y grietas azules
la cucaracha era soberana.

V

In the town square
the graceful Tehuana women
called with their marimba voices
to the passersby
while with the breeze
from their lace-edged skirts
they chased the marauding flies.

Light crackled, playing
with each bell-stroke;
at the end of the day
the chattering of parrots
showed us the way home.

In that sunlit house
with its broad patio
and blue cracks
the cockroach reigned supreme.

VI

Un débil aletear
en el nido del tiempo
que entonces existía
a la hora de la comida
o los domingos a las siete,
hora esperada
en que el músico grillo
les cantaba cuentos a los niños.

VII

La exquisita y sensual
esencia del marañón
cuando los ojos apenas
si saborean la delicia
de una primer mordida
que se ha dado mil veces
antes de darse entera.

VI

A small fluttering
in the nest of time
that only existed then
as time for supper
or seven on Sunday
the long awaited hour
when the musical cricket
sang stories to the children.

VII

The exquisite, sensual
essence of the marañón
when one's eyes barely
tasted the delight
of the first mouthful
given a thousand times
before the whole giving.

VIII

Jarocho alma de arpa
mi primer amor
me grabó su canto
en el corazón
con tres puntas de plata.

Y yo que nunca escribí
nota promisoria de amor
a hombre alguno
a él le debo una.

IX

Algo del mar
se me quedó en las venas:
la salada emancipación
de las aguas inquietas.

VIII

Jarocho harp-soul
my first love
engraved his song
on my heart
with three silver points.

And I, who never wrote
a promissory note of love
to any man,
I owe him one.

IX

Something of the sea
stayed in my veins:
The salty freedom
of restless water.

Solario nocturno

I

San Luis
con su alma de piedra
cincelada por los cascos indómitos
del sol
tenía
la hipnotizante
melancolía
de un tambor de cuaresma
y el misterio enlutado
del violeta
bordado en el sayal
del corazón.

II

Buscaba el verde
entre las grietas
de las canteras
y sólo encontraba
el gris del futuro
enclaustrado
por los altos muros
coloniales.

Nocturnal Sunscape

I

San Luis
with its soul of stone
chiseled
by the untamed hoofs
of the sun
possessed
the hypnotic
melancholy
of a Lenten drum
and the somber mystery
of violet
embroidered on the sackcloth
of its heart.

II

I searched for green
in the cracks
of quarried hillsides
and found only
the gray of the future
enclosed
in high colonial
walls.

III

Era la hora extendida
del oficio vespertino,
lisa, lisa, alisada,
monótona y ténebre,
con sus diálogos
letánicos y fríos.

Las torres caían
consecutivas,
las azucenas
se desplomaban
en cadena
sobre las cabezas
de los pobres
que seguían siendo
pobres a la salida.

Y yo me preguntaba
si éste era el misterio
que guardaba el cielo.

III

The hour of Vespers
was lengthening,
tenebrous, monotonous,
smooth, smooth, polished
with the cold responses
of its litanies.

Towers fell
in sequence
lilies
dropped chains
of petals on the heads
of the poor
who left
poor as they had come.

I wondered
if this was the mystery
guarded by heaven.

IV

El campesino hurgaba
la tierra
con sus manos
de cuero deslustrado
y ella dura y seca
lo burlaba de su amor.

V

Ahí conocí
por primera vez
el terrible pecado
del silencio.

IV

The peasant dug
at the earth
with his scuffed
leather hands
and the earth, hard and cold,
gave him nothing for his love.

V

It was there
I first discovered
the terrible sin
of silence.

Cofradía de inservibles

En la vastedad
del estrecho espacio
entre espíritu y mente
he formado una cofradía
de inservibles
        fantasías fragmentadas
poemas inconclusos
        rituales interrumpidos
hazañas que no llevé a cabo
        deseos de marinera frustrada
        estrías de luz   color música
diálogos monolingües
        viceversas de una sola dirección
recuerdos de la hija que no tuve
            pequeños pedazos de muerte

De vez en cuando
me refugio ahí
ausente de mí misma

como una mancha de tinta   en el papel indiferente
como una estrella atrapada   en un gran hueco sideral
        sin manos   sin piel   sorda
                y muda
        y presido sacerdotisa
                nocturna
        la ceremonia diabólica
        de todas las cosas rotas
        e inconclusas de mi vida

Secret Society of Failures

In the vastness
of the narrow space
between spirit and mind
I have formed a secret society
of failures
            fragmented fantasies
unfinished poems
            interrupted rites
deeds undone
            desires of a land-bound sailor
        strips of light   color   music
monolingual dialogues
            one-way viceversas
memories of a daughter never born
                        little pieces of death
            From time to time
            I take refuge there
            absent from myself
like an ink-stain   on indifferent paper
like a star trapped   in a great sidereal hole
        without hands   without skin   deaf
            mute
            and I preside, nocturnal
                priestess
            over the diabolic ceremony
            of all the broken, unfinished
            things in my life

De mi casa

Mi casa es así
con sus florilegios
de contrapuntos,
plantas en macetas
de barro,
desparramadas
las hojas
a los pies
del lecho.

A mediodía llena
de cráteres
que a las tres
revientan de risas,
de criaturas,
de legumbres
y asados
y olor a tarde.

Mi casa es así
en su penumbra tibia,
su patio obscureciente
al declinar el día
derramado de café
y naranja.

Y más tarde, sonata
de cristal y jabón
agua y porcelana.

My House

My house is like this,
with its bouquets
of counterpoints,
plants in
clay pots,
leaves
scattered
at the foot
of the bed.

Full at noon
of craters
that explode at three
with laughter
and children,
with vegetables
and roasts
and the smell of afternoon.

My house is like this
in its warm half-light
the garden darkening
as day declines
spilling coffee
and oranges.

Later on, a sonata
of glass and soap
water and china.

Mi casa soy
con sus quijotes
melancólicos
y sus dioses declinantes,
murales de palabras
y antiguos amores
en lo profundo
de la noche.

I am my house
with its melancholy
quijotes
and its declining gods,
murals of words
and old loves
in the depth
of night.

Labor de retazos

1.

Mientras plancho
una voz adentro
me avisa:
"El alma necesita
arrugas
necesita pliegues
alforzas y otros
motivos de edad."

2.

Sacudo los rincones
El amante sin nombre
cae desdiciéndome:
"Era solamente el azul
válsico del verbo
Yo no la supe en mí".

3.

Mi casa está llena
de un rumor viejo
de un sortilegio cascado
de tanto pronunciarse
que aún embosca rufianes
inadvertidos en la noche.

Patchwork

1.
While I iron
a voice inside me
warns:
"The soul has need
of wrinkles,
need of pleats,
tucks and other
signs of age."

2.
As I dust the corners
A nameless lover
falls, disclaiming me:.
"She was only the blue
waltzing of a word
I never knew her in myself."

3.
My house is full
of an old whispering
a flaking witchery
worn with repetition
that still ambushes unwary
ruffians at night.

4.

Hay oros fragmentados
y palabras de mediodía
sobre la hierba
Frutas de temporada
y sal de roca
en las heridas
que me dejaron
los últimos diez años.

5.

Mi amor
estoy llena de espinas
llena de pétalos
Llevo la complicada
incomplicación
de la palabra
entre pecho
y espalda.

6.

Me llené de raíces
de ramitas de laurel
de yerbabuena y copal
y platique con otros vientres
que cultivaban nogales
pasionarias y azaleas
pero nadie me pudo decir
hacia dónde van
los gitanos
cuando se marchan.

4.
There are fragments of gold
and noon words
on the grass
Fruits in season
and rock salt
in the wounds
left me
by the last ten years.

5.
Love
I am full of thorns
full of petals
I carry the complicated
simplicity
of the word
between breast
and backbone.

6.
I filled up on roots
and laurel twigs
and yerbabuena and incense
and chatted with other bellies
that were gestating black walnuts
passionflowers and azaleas
but none could tell me
where the gypsies go
when they
leave town.

7.

Vuelvo a los caminos
y cada gitano peregrino
me parece un verso andante
Hablo con ellos
rimas anacrónicas
mientras mi hijo
con los otros niños
se acerca sonriente
a vernos
a los gitanos pasar.

7.
I go back to the roads
and every gypsy on the way
seems like a walking verse
I say anachronistic
rhymes with them
while my son comes up
with the other children, smiling
to watch us
the gypsies
passing by.

Receta de invierno

La desazón madura
de la manzana verde

Bajo la armadura
el corazón compasivo
de la castaña
(victoria del otoño)

La intrépida caricia
del vino rojo y robusto

El recuerdo del rocío
entre las primaveras
moradas del repollo

Nuez moscada y laurel
El llanto de la cebolla
La picardía del ajo
Y una risa de sal
para llenar mi soledad

La tibieza de tu mano
sobre mi pecho—
ya puede llegar el invierno.

Recipe for Winter

Ripe unseason
    of green apples

compassionate heart
    under the chestnut's armor
    (autumn's triumph)

fearless dash
    of strong red wine

recollection of dew
    in the purple
    springtimes of cabbage

nutmeg bayleaf
oniontears
a wink of garlic
a smile of salt
    to fill my solitude

The warmth of your hand
    on my breast—
then let winter come.

Protocolo de verduras

El mundo exige
diplomacia estricta:
Me dicen que aún
entre las legumbres
existe el protocolo,
y ya dentro de la casa
no hay tiempo
ni para la melancolía,
soledad desvestida,
porque debo atender
los asuntos
del día de plancha
y escribir versos
cuando puedo
entre el ir y venir
de la tempestad
en el lavadero.

Así, no me reproches
si te recuerdo
en el agua sucia,
en el verde de las hojas
cuando riego las plantas,
entre repollo y pimienta
a la hora de la cena;
si te leo entrelíneas
de la *Civilización*
y sus descontentos.

The Protocol of Vegetables

The world demands
impeccable diplomacy.
Protocol exists,
or so they say,
even among vegetables;
and in my house
there's no time any more
even for melancholy,
that is loneliness laid bare,
because I must tend
to the affairs
of ironing day,
and write poems
when I can
between the shifting winds
of the tempest
in the laundry.

So don't reproach me
if I recall you
in wash water,
or among the leaves
of thirsty houseplants,
or between cabbage and pepper
at dinnertime;
if I read you between the lines
of *Civilization*
and Its Discontents.

Instantáneas

I
El mar
bajo
la luna
y sobre
el agua
un hormiguero
de luces.

Entre
los dos colosos
la ciudad
dormitando.

II
Desde Sausalito
en donde los baños
son todos privados
la ciudad parece
enjambre
de luciérnagas
que como
linterna china
cuelga de la noche.

III
Barbary Coast
Nadie camina
los viejos
senderos
empolvados
de oro y plata.

Snapshots

I
The sea
under
the moon
and on the water
an anthill
of lights.

Between
two colossi
the city
dozing.

II
From Sausalito
where all the bathrooms
are private
the city is like
a hive
of fireflies
hanging
like a Chinese lantern
from the night.

III
Barbary Coast
No one walks
on the old
pathways
powdered
with gold and silver.

Sólo
en los barrios
Chinatown
Mission
la noche
musa callejera
anda aventurera
con un hoyo
en la camisa
y un sabor
viejo y humano
en la mirada.

Only
in the neighborhoods
Chinatown
Mission
Night
a wandering muse
with a hole in her shirt
and an old human
flavor
in her eyes
looks for adventure.

México

Partí
como nota dividida
buscándose a sí misma.

Busqué
en colores de noche
sombras de día.

Perseguí
luces de ríos
en sueños viejos.

Esencia doble tan cercana
Cuerda floja de mi orden natural.

México

A veces pienso en ti
en tardes así
Me acaece viejo mal.

Buscar senderos de tierra
a vera de profundidad.

En bancales tibios
garzas de plumaje azul
perlas rojas cultivaron.

No hay tiempo de llorar
si has de vivir en mí.

Recuerdos nunca fueron
medida líquida de amar.

Mexico

I parted
like a note divided
in search of itself.

I looked
in the colors of night
for day's shadows.

I hunted
river lights
in old dreams.

Double essence so closely bound
tightrope of my natural order.

Mexico.

Sometimes I think of you
on afternoons like this
An old distress comes over me.

Search for paths of earth
at the edge of the depth.

On warm banks
blue-feathered herons
cultivate red pearls.

There is no time for weeping
if you are to live in me.

Memories were never
the liquid measure of love.

Nuestros mundos

A mi hijo Arturo

Sonrisas del mundo
envueltas en aire ráncido
Máquinas que nunca
se detienen a respirar.

Del otro lado de la mesa
ojos callados me miran
Manos pequeñas me ofrecen
un pedacito de pan.

Me conoces sin decirlo
Y a veces te sorprendo.

Aprendemos.

Our Worlds

To my son, Arturo

Smiles of the world
wrapped in rancid air
Machines that never
stop for breath.

From across the table
quiet eyes watch me
Small hands offer me
a little piece of bread.

You know me without having to say it
And sometimes I surprise you.

We learn

México tan lejano
pensamos los dos.

Reímos.

Creías que México estaba
más acá de Los Ángeles.

No. Éste es tu mundo
Aquí luchamos
Aquí vivimos.

Rumbo a la escuela . . .
No hay que comprar
en Safeway me recuerdas.

Y a veces me sorprenden
tus siete largos años.

Mexico so far away
We both are thinking.

We laugh.

You thought Mexico was
closer than Los Angeles.

No. This is your world
Here is where we struggle
Here is where we live.

On the way to school . . .
—Mustn't shop at
Safeway you remind me.

And sometimes I am surprised
at your seven long years.

Carta a Arturo

Cariñito,
las hormigas han invadido
la alacena
y desfilan con un ataúd
de pan sobre los hombros.

Los petiazules se embriagan
de moras silvestres,
celebran la llegada del verano
todos en hilera sobre la barda.

Los caracoles cuán largos son
se resguardan del sol
bajo la microfronda
de las violetas.
Sabes? Las casas de
los caracoles no tienen
ventanas, sólo una puerta.

Me siento frente a la tarde
que lánguidamente
cuenta sus minutos
y escucho su vacío.

Letter to Arturo

Darling,
the ants have invaded
the bread-box
and parade with a coffin
of bread on their shoulders.

The bluejays are getting drunk
on wild blackberries,
they're all in a row on the fence
celebrating the arrival of summer.

The snails are staying out of the sun
stretching like cats
under the microfronds
of the violets.
(Did you know that snails' houses
have no windows?—
Only a door.)

I sit down in front of an afternoon
that is languidly
counting its minutes
and listen to its emptiness.

Apenas si te has ido
y ya extraño la suave
caricia de tus manos
sobre mis cabellos,
y tu risa y tu llanto,
y todas las preguntas
sobre mares,
lunas y desiertos.

Y todos los versos
se me van anudando
en la garganta.

You've hardly left
and already I miss the light
caress of your hands
on my hair,
and your laughter and your tears,
and all your questions
about seas,
moons and deserts.

And all my poems
are tying themselves together
in my throat.

El caracol

Viajero de
todo sendero
deja su cauda
     fulgurante
       y precisa
un río luminoso
de historia   desgranada
en la tierra

Escribe
su memorial
     en tallo
       y en hoja:
historiador
   ameno
      este caracol
        que cuentan
     las gentes
    que llegó
del mar
    en aquel tiempo
      en que el manto
       del agua
      protegía
    al desierto
y ahora lejos
      se esconde a recordar
        el rumor de encajes tejidos
         en la profundidad . . .

The Snail

Traveler on
every path
it leaves its trail
        shining
          and precise
a luminous river
of history   spread out
on the earth

It writes
its memoirs
    on stalk
      and leaf:
a congenial
    historian
      this snail
        that people
    say
   arrived
from the sea
    at the time
      a cape
    of water
   protected
the desert
and now it hides
  far away to remember
    the murmur of lace woven
      in the deep . . .

La felicidad es un astro
reflejado en los espejos
de un telescopio reflector,
dijo el astrónomo seguro;
y el físico intuyó
la teoría del infinito;
mas la hormiga que ahora
camina sobre la página
del libro en mi mano
la supone un viaje con carga.

The astronomer assured us
that happiness is the image
of a star caught in the mirrors
of a reflector telescope;
the physicist sensed it in
a theory of the infinite;
but the ant that is walking
across the page
of the book in my hand
supposes it to be a journey
made with a burden.

Obsoletario

Sufro al contemplar
mis pies prisioneros.

Víctima del progreso
mi dedo pequeño
me pide a gritos
ser una vez más aquel cochinito
que se fue de paseo.

Y apenas si me atrevo
a contestarle que ya
ser peregrino es
oficio de hormigas.

Obsoletarium

I suffer when I look at
my imprisoned feet.

My little toe
a victim of progress
begs me to let it go
back to being
that little pig
that went for a walk.

And I hardly dare
tell it that these days
being a pilgrim is
the business of ants.

No en vano

Cuando la tarde muera
y la edad avance con
sus giros desconcertantes
cuando el silencio
por última vez calle
y la voz se desintegre
en las comisuras del alma
y la palabra apague su linterna
antes de caer la madrugada
sobre calles y montañas
y el espíritu cierre sus ventanas
para no sentir más la luz de la mañana,
sólo quedará la música, mi pequeño,
la música para recordarnos
que no todo es en vano.

Not in Vain

When the afternoon dies
and age advances with
its disconcerting turns
when silence
falls silent for the last time
and the voice disintegrates
in the cracks of the soul
and the word extinguishes its lantern
before dawn falls
over streets and mountains
and the spirit closes its windows
to shut out the morning's light,
only music will be left, little one,
music, to remind us
that not everything is in vain.

Girasol

La noche
me ha educado
en el docto
oficio
de la luz.

Sunflower

Night
has educated me
in the learned
profession
of light.

Time

Your hand softly
          touching
a swift caress
          a delicacy
savored intimately
          but gone
          an instant later
for how can
                  you hold
a bird
          in flight
                          unless
                          it be
a frightened
          nightingale
caught
in the throat
          of a tigerlily . . .
It's been a pleasure
          and
let it go at that
          my dear
friend

Tiempo

Tu mano suavemente
      tocando
una caricia rápida
      una delicadeza
íntimamente saboreada
      mas un instante después
      perdida
porque cómo se puede
      detener
a un pájaro
      en vuelo
            a menos
            que sea
un ruiseñor
      asustado
en la garganta
      de un lirio
aprisionado . . .
Ha sido un placer
      y
dejémoslo así
      mi querido
amigo

Traducción de Alcides Rodríguez-Nieto

Underground Mariachi

The barrel-belly guitar
awkwardly
hangs from the wall
its twelve strings mute;
the violin observes it
attentively
from the dresser
its delicate notes
hanging on silence;
and the horn, mouth down
over the table
sighs deafened.

There are no musicians
there are no singers
la migra picked them up
and sent them to their land
(because they say that California
is no longer ours).

An old man in the park
listened to my story
with a glitter in his eyes
"*Hijita*," he said,
"they will be back
hands open and ready
arms stretched
across the Rio Grand
and we may have our first
underground mariachi band
Ah, the sweet music
of the revolution!"

Mariachi indocumentado

El guitarrón de vientre redondeado
cuelga
torpemente de la pared
sus doce cuerdas enmudecidas;
el violín lo observa
atentamente
desde el ropero
sus delicadas notas
pendientes del silencio;
y la trompeta
boca abajo sobre la mesa
suspira ensordecida.

No hay músicos,
no hay cantantes,
la migra se los llevó
y los mandó a su tierra
(pues dicen por ahí que California
ya no es de nosotros).

En el parque un anciano
escuchó mi relato
con una chispa en los ojos
"Hijita", me dijo
"ellos volverán
con los brazos extendidos
y las manos abiertas y listas
a cruzar el Río Bravo
y puede ser que entonces tengamos
nuestro primer mariachi indocumentado;
¡Ay, la dulce música
de la revolución!"

Traducción de Alcides Rodríguez-Nieto

Puente de cristal

Caminábamos dóciles
en un Puente de cristal
y la lucha nos encontró.

Se desgarró el capullo
y a punto cero calculado
el ojo sibílico apuntó.

Grito de lucha
en el campo
en la fábrica
en mi yo
en el tuyo
al extraño
al compañero

Sólo entre el silencio
preciso de dos puertas
pueden mantenerse
crisálidas eternas.

Caminábamos dolientes
en un Puente de cristal
entre dos puertos.

Abrió sus piernas la noche
El arco ofendido cedió
y se fertilizó
la semilla guerrillera
entre el abrir y cerrar.

The Crystal Bridge

Obediently we walked
over a crystal bridge
and discord found us.

The bud tore loose
and the sybil's eye
aimed at zero.

Battle cry
in the fields
in the factory
in my self
in yours
to the stranger
to the friend

Only in the precise
silence of two doors
can the chrysalid
sleep forever.

Painfully we walked
over a crystal bridge
between two doors.

Night opened her legs
The wounded arc gave way
and the seed of war
quickened
between the opening and the shutting.

Giró el humo rojo
en la médula del viento
formando punto a punto
el fénix dialéctico.

Y yo por primera vez
dejé que mi palabra
apuntara hacia esenciales.

Red smoke whirled
in the medula of the wind
forming, point by point,
the dialectic phoenix.

And for the first time
I allowed my word
to turn to essentials.

Dos de noviembre en junio

I
Sucede que me canso
a veces
de conjugar
helechos de tiempo
analizar
casos y fechas
explicar
las tres personas
y sus mundos
indicar
que reflexivos
cuelgan
de la telaraña
gramatical
con las caras
vueltas
hacia el espejo.

Me lanzo entonces
a adelgazar
tristezas
declinar
biblias y diarios
descombrar
cultura
de hecho y mito
traducir
colectivos
de alma eléctrica
a impulso
pasión
y acción
de ajenos
y de propios.

Day of the Dead in June

I
It happens that I get tired
sometimes
of conjugating
ferns of time
of analyzing
cases and dates
of explaining
the three persons
and their worlds
of indicating
that reflexives
hang
from the grammatical
spider-web
their faces
turned
to the mirror.

I rush then
to dilute
sadnesses
decline
bibles and diaries
dig out
culture
from fact and myth
translate
collectives
of electric souls
into impulse
passion
and the action
of others and
my own.

II
Salgo a la calle.
La esquila tañe.
Su intrépido
badajo obóico
lanza su clave
de cristal soplado
y desencadena
la sinfonía fúnebre
de las alturas.

Se remonta el alcatraz
y los ojos se cierran
para detenerlo en alto
antes de que caiga
pico abajo
hasta
la aceitosa orilla
y quede ahí
como figurina patética
de parafina barata.

Vuelvo los ojos
hacia las calles.
Como en un dos de noviembre
los parroquianos
van y vuelven,
panes de muerto
en las manos,
mientras los titiriteros
hacen bailar a sus muñecos
frente a las puertas
de los templos indiferentes.

II
I go out
The bell is tolling
Its fearless
oboic tongue
sends out its key
of blown glass
and unleashes
the funereal symphony
of the heights.

The pelican rises
and my eyes close
to keep it there
before it falls
beak first
to
the oily coast
and stays there
like a pathetic figure
of cheap wax.

I turn my eyes
to the streets.
As on the Day of the Dead
parishioners
come and go
death's-head cakes
in their hands,
while puppeteers
dance their dolls
at the doors
of indifferent temples.

III

Entro a la iglesia
al fin del rito
que ha dejado sabor de hielo,
olor a pan rancio
en naves y altares.

De un rincón
del gran silencio
una voz pequeña se levanta
con su tiple melancólico,
los labios tiernos
de américa morena
en el confesionario
pronuncian pecados azules
al son sinfónico
de lombrices bien nutridas
como siempre lo son
los agentes del hambre
y la miseria.

Cierro los ojos.

El alcatraz se remonta.

Dobla la esquila.

Los hornos explotan
de pan carbonizado.

III
I go into a church
at the end of rites
that have left the taste of ice,
the smell of stale bread
in the nave and on the altars.

From a corner
of the great silence
a small voice rises
in muted singsong,
young lips
of mestizo America
recite pale sins
in the confessional
to the symphonic sound
of hookworms well-fed
as all the other
agents of hunger
and misery.

I close my eyes.

The pelican rises.

The bell tolls.

Ovens explode
charred bread.

IV

Me detengo
a las puertas
del café
con sus paredes
pintadas
de blanco-espuma de cerveza.

Un letrero
me guiña el ojo:
"Entra, compañera,
estás en tu casa"
—Caras morenas,
ojos empañados,
un sabor de vino agrio
y caña fermentada
en el ambiente.

Un autonombrado
poeta revolucionario
en el podio
lo denuncia todo;
borracho de retórica
y con la panza repleta
de aplauso
abandona la sala
después
con los contoneos
de un pavorreal
al son ton bon
de la flauta y del bongó.

Como un reflexivo
de ancha cara

IV
I stop
at the doors
of the café
with its walls
painted
beer-foam white.

A sign winks
at me:
"Come in, comrade,
this house is yours"
—Dark faces
clouded eyes
and in the air
the flavor of sour wine
and fermented sugarcane.

From the podium
a self-proclaimed
revolutionary poet
is denouncing everything;
afterwards
drunk on rhetoric
his belly full
of applause
he leaves the hall
strutting
like a peacock
to the bim boom bom
of the flute and bongo.

Like a broad-faced
reflexive

se detiene
frente al espejo
y se examina
cuidadosamente
el bigote,
se acomoda
la túnica morada
y como buen mago
prepara sombrero
y varita mágica;
en un instante
el recinto se llena
de una oquedad ociosa
—Vuelan los huesos
por el aire,
venerables recuerdos
de algún inocente
antepasado muerto.

La muchedumbre
congregada a sus pies
se abalanza sobre
las pobres reliquias
con alaridos bestiales
mientras que
en las colinas
los césares
sirven a su mesa
la sangre
del hijo del hombre.

Se remonta el alcatraz.
La esquila tañe.
Su badajo obóico

he stops
before the mirror
and carefully
examines
his moustache,
straightens
his purple tunic
and like a good magician
prepares his hat
and magic wand;
on the instant
the place fills
with a useless vacuum
—Bones fly
through the air,
venerable reminders
of some innocent
ancestor long dead.

The crowd
gathered at his feet
pounces on
those poor relics
with bestial cries
while
in the hills
the Caesars
serve on their table
the lifeblood
of the Son of Man.

The pelican rises.
The bell tolls.
Its oboic tongue

lanza su clave
de cristal soplado
y rompe en puntos
al espejo mágico.

V
Sucede que me canso
de cafés revolucionarios
y poetas pavorreales,
de reflexivos narcisos
y cantares de sordos.

Sucede que me aterra
esta generación endurecida
que se lanza a buscar definitivos,
labra nombres y blasfemias,
diserta sobre los pros y contras
de la lucha armada,
medita sobre cadáveres ajenos
con una cerveza en la mano
y un grito ácido en los labios.

Quiénes somos?
Acaso los parroquianos
que en un dos de noviembre
indiferentes van y vienen
por las calles
con las manos llenas
de pan de muertos
y el corazón carbonizado.

sends out its key
of blown glass
and splinters
the magic mirror.

V
It happens that I get tired
of revolutionary cafés
and peacock poets
of narcissistic reflexives
and the songs of the deaf.

It happens that I am terrified
by this hardened generation
that rushes out in search of absolutes,
fashions names and blasphemies,
doctrinizes on the pros and cons
of armed struggle,
and meditates, with a beer in its hand
and a sour cry on its lips
on the cadavers of others.

Who are we?
Those same parishioners perhaps
who come and go indifferent
along the streets
on the Day of the Dead
with our hands full
of death's-head cakes
and our hearts in ashes.

Amor a crédito

Cuánto me daría
el usurero
por esta piel
que no ha aprendido
a ser mink o armiño
y cruda sirve solamente
para cubrirme del frío
lacerante de tu ausencia,
amor,
cuánto me daría
por el espíritu
que a veces muestra ya
grietas en los muros,
por este corazón
pasado de moda
que todavía late
con la simplicidad
de una gota de rocío
sobre una hoja
un poco de amor me daría,
a plazos,
porque darse entero
no acrecienta el buen crédito
(vivimos en tiempos
difíciles, me dice).

Hay una lección en esto,
ahora se ama en abonos
y un beso quiere decir
deuda más rédito.

Love on Credit

How much would a usurer
give me
for this skin
that has never learned
to be mink or ermine
and that, raw, is good only
for covering me against the blistering
cold of your absence,
love,
how much would he give me
for my soul
whose walls are beginning
to crack,
for this outdated heart
still beating
simply
as a bead of dew
on a leaf—
little love he'd give me
in installments;
giving yourself all at once is
no way to build up credit
(times are hard,
he tells me.)

There's a lesson to be learned in this;
loving is done these days in installments
and one kiss entails
a loan with interest.

Y bien, redactado está
que todo se resuelve en cifras,
no hay nada gratis ya
y nada es por instinto
—eso cuesta mucho más
de lo que podríamos pagar;
compramos sueños castrados
al 18% de rédito anual
y hay impuestos de soledad
que capitalizan fríamente
hasta la última gota
del corazón ufano.

Y al final,
como el matador frente
al último lance de la tarde
sólo nos queda la vida,
poca cosa, que dar.

Sabes una cosa, amigo?
Tiene razón el usurero,
vivimos en tiempos difícies.

Well, after all, it has been written
that everything is resolved in numbers,
nothing is free any more
and nothing is done by instinct
—that costs much more
than we could ever pay;
we buy castrated dreams
at 18% annual interest
and the taxes of loneliness
coldly capitalize
on the last drop
of a proud heart.

And in the end,
like a bullfighter facing
the last pass of the afternoon
all we have left is life,
not much, to give.

Know something, friend?
The usurer was right,
these are hard times.

Del ajedrez

A Arturo Carrillo

En esta tibia obscuridad
nada se agranda
nada se altera
Cada pieza reclama su lugar
en el tablero silencioso.

La reina duerme
su sueño de madera
ante el ojo pretencioso
de obispos alcahuetes
y tenaces caballeros.

El despiesado consorte
con los ojos en blanco
trata de seducir
a la araña para que
con sus hilos infinitos
le conceda la virtud
de Mercurio.

Los soldados en fila india
se cuentan pequeñas tragedias
y grandes hazañas
de cuando heroicamente
aniquilaron a algún señor
obteniendo así el laurel
y el galardón del vencido.

Chess

To Arturo Carrillo

In this intimate shadow
nothing grows
nothing changes.
Each piece claims its place
on the silent board.

The queen sleeps
her wooden sleep
under the pretentious eyes
of pandering bishops
and persevering knights.

Her hobbled consort
with his sightless eyes
tries to cajole
the spider
into granting him
with its infinite threads
the wings of Mercury.

The pawns in Indian file
recount small tragedies
and great deeds done when they
were heroes in the conquest
of some great lord,
capturing the laurels
and plundering the prize
of the defeated.

Ahí los dos bandos
blanco y negro
en espera del reto
que desencadene la lucha
para cobrar con sangre
siglos de inhumanidad.

Curioso es que en esta
semiobscuridad
la araña que ajena
a los deseos
del rey ambicioso
los ve a todos igual
sigue bordando
su tela de seda fina
hacia la inmensidad.

There they are, two armies
black and white
drawn up and waiting
for the call to battle
hoping to collect in blood
payment for centuries of inhumanity.

Strangely enough,
the spider
untouched by the wheedling
of the ambitious king
sees both as equal
in the semidarkness
and goes on stretching
her silken fabric
toward infinity.

La casa de los espejos

A Roberta Fernández

1. Umbral

Bienvenido, amigo,
"Llegas a la casa de los espejos,
alguien antes que tú la construyó
cuando en pedazos pequeños
se fracturó los ojos
para vivir en el reino de los sueños
porque aquello que es inalcanzable
es delicioso para el que no sabe
vivir ya más de la verdad.

Allá afuera, en realidad soy ordinaria.
como una calle o una ciudad
o cualquier lugar del mundo en donde
seres comunes se sientan a la mesa
mastican su pan y su tristeza
y se entregan pequeña y diariamente.

House of Mirrors

To Roberta Fernández

1. Entrance

Welcome, friend,
you are entering the house of mirrors.
Someone before you built it
when he had smashed his eyes
into little pieces
in order to live in the kingdom of dreams
because the unattainable
is delicious to one who no longer
knows how to live on truth.

On the outside, I am quite ordinary
like a street or city
or any place in the world where
ordinary people sit down to table,
chew their bread and their sorrow
and give themselves to one another
in small ways every day.

2. Galería de los sueños

El alma no se desviste
(en la casa de los espejos)
se incomunica de su verdad,
se le cierran ojos y boca
con una luna de plata,
y se jura su interna valentía
al perjurio de la imagen.

Aquí, no existe la tarde,
todo es mediodía,
la espuma del halago
reverbera en los cristales
y las lágrimas en el espejo
son sólo recuerdos de ríos
en todas las rosas muertas.

2. Gallery of Dreams

The soul does not strip
(in the house of mirrors)
With eyes blinded, mouth stopped
by silver moons
its internal valor forsworn
to the perjury of its images,
it abandons its truth.

Here, high noon obscures the sunset,
flattery foams and
vibrates on the windows
and the tears on the mirror
are only memories of rivers
on all the dead roses.

3. Salida

Y así llegamos al fin del viaje,
yo ya enterré a tus muertos
bajo un trigal al viento,
ya remendé tus sueños rotos
y cociné tu deseo a fuego lento,
perdona si no me quedo
a complacer tus fantasías
pero hoy soy simple y ordinaria
el sueño que despierta.

3. Exit

And so we come to the end of the tour.
I've buried your dead
under a windswept wheatfield,
mended your broken dreams
and cooked your desires over a slow fire.
Excuse me if I don't linger
to contemplate your fantasies
but today I'm simple and ordinary
a dream awakening.

Lento litúrgico

A Catherine

A veces la voz se me adelgaza
como una gota de luz
que se va quedando dormida
en el medio de la lluvia
—una pequeña cápsula
de silencio en donde guardo
mi nombre envuelto
en un pañuelo negro—
porque a veces la mente sufre
desmayos prematuros
y el espíritu aminora su latido
y se me escapa por los poros
como un sudor febril de invierno,
porque a veces le faltan fuerzas
a labios y dientes y lengua
para destrozar en mil pedazos
al desafiante espejo de los ojos
que me anuncia la llegada de
la irresoluta indiferencia del blanco.

Y es que a veces me consumen
el miedo al olvido, a la ausencia
a la carne flácida, al tiempo
al vientre desprendido de su ritmo;
y así me voy quedando muda:
Las cuerdas vocales desunidas
de su generador interno
me paralizan la boca del alma
mientras en la pantalla de mi vida
se proyecta fugazmente
el lento litúrgico de mi invierno.

Lento Liturgico
To Catherine

Sometimes my voice thins out
like a drop of light
falling asleep
in the rain—
little capsule
of silence where I keep
my name wrapped
in a black handkerchief—
because sometimes my mind
faints before its time
and the beating of my spirit slows
and escapes through my pores
like fever-sweat in winter;
because sometimes my lips
and teeth and tongue lack the strength
to shatter into a thousand pieces
the ominous mirror of eyes
that signals the onset of
the irresolute indifference of whiteness.

Because sometimes I am consumed
by the fear of oblivion, of absence,
of flaccid flesh, of time,
of my womb torn from its rhythms,
and so I fall toward silence:
Loosened from their internal generator
my vocal cords
stop the mouth of my soul
as the screen of my life
flickers with
the *lento liturgico* of winter.

Segundo dos de noviembre

Para Elsie Alvarado de Ricord

Hay tiempo solamente
para un pequeño beso
tomado a sorbos grandes
porque seguimos de viaje;
porque hay fechas más anchas
que el mismo espíritu
esperándonos en el andén
o el tren se va y nos deja;
porque los pañuelos blancos
nos esperan ya a la despedida
y no debemos desilusionarlos;
y el tic tac de la araña
                eléctrica
en el cerebro de la tarde
nos indica que la noche
está cada vez más cerca;
y es hora de volver a casa
a enjuagar el alma de mañana
que se nos ha ido ensuciando
en las calles por donde
la llevamos arrastrando;
porque es hora de ir a bailar
o los músicos se marchan
y el jueves comienza
el nuevo programa
y la película de la vida
todavía no está lista . . .
Y para colmo de rufianes
alguien traspapeló a hoy
entre ayer y mañana

Second Day of the Dead

For Elsie Alvarado de Ricord

There's only time
for a short kiss
quickly gulped
because we're still travelling;
because there are days wider
than our spirit itself
waiting for us on the platform
and the train is starting, leaving us behind;
because the white handkerchiefs
are already waiting for us at the farewell
and we mustn't disappoint them;
and the tick-tock of the electric
                    spider
in the brain of the afternoon
tells us night
is falling fast;
and it's time to go home
and rinse out tomorrow's soul
that's been getting dirty
in the streets where
we were dragging it;
because it's time to go dancing
before the musicians leave
and on Thursday
the new program starts,
and the film of our life
isn't ready yet . . .
And to top off the ruffians
someone has misfiled today
between yesterday and tomorrow

y no hay tiempo de buscarlo
porque la comitiva ya llega
y la cena no se ha preparado;
y vámonos, que ya voy tarde
a mi propio funeral.

and there's no time to look for it
because the committee is here
and supper isn't ready;
and let's go, because I'm already late
for my own funeral.

Romance liso

Son lisas las tardes de los domingos
y son duras como pistas de hielo
por donde el espíritu solo resbala
sin un verso de amor que lo detenga.

Son eternas como cantos gregorianos
y tristes como liturgia de nupcias negras
que desde el púlpito de la gran soledad
van sumando sus rosarios de abandono.

Son dunas de sol los ocasos de domingo,
fantasmales vestigios de acantilados
desde donde se vigilan las hondas huellas
de aquel que de mañana caminó por la playa.

Smooth Romance

Sunday afternoons are smooth
and hard as ice skating rinks
where the lonely spirit slides
without a love poem to hold it back.

They are as eternal as Gregorian chants
and sad as the liturgies of funereal weddings
that from the pulpit of a great solitude
are taking count of their rosaries of desertion.

Sunday sunsets are dunes of light
phantasmal traceries of quarries
where watch is kept over the deep tracks
of one who walked that morning on the beach.

Romance de la niña

Junto a la casa de muñecas
juega la pequeña Sonia
a mujer de porcelana

Y la punta de una mentira
se va incrustando entera
en el corazón de la mañana.

Romance of the Little Girl

Beside the dollhouse
little Sonia plays
at being a porcelain lady.

And the point of a lie
begins to sink
into the heart of the morning.

I. Marina madre

Del barro más húmedo la hicieron,
al rayo del sol tropical la secaron,
con la sangre de un cordero tierno
su nombre escribieron los viejos
en la corteza de ese árbol
tan viejo como ellos.

Húmeda de tradición, mística
y muda fue vendida . . .
de mano en mano, noche a noche,
negada y desecrada, esperando el alba
y el canto de la lechuza
que nunca llegaban.
Su vientre robado de su fruto;
hecha un puño de polvo seco su alma.

Tú no la querías ya y él la negaba
y aquél que cuando niño ¡mamá! le gritaba
cuando creció le puso por nombre "la chingada".

I. Marina Mother

They made her of the softest clay
and dried her under the rays of the tropical sun.
With the blood of a tender lamb
her name was written by the elders
on the bark of that tree
as old as they.

Steeped in tradition, mystic
and mute she was sold—
from hand to hand, night to night,
denied and desecrated, waiting for the dawn
and for the owl's song
that would never come;
her womb sacked of its fruit,
her soul thinned to a handful of dust.

You no longer loved her, the elders denied her,
and the child who cried out to her "mama!"
grew up and called her "whore."

II. Marina virgen

De su propio pie, junto al altar
del dios crucificado se hincó.
Como ella te amó, veía solamente
al ser sangrante. Y amaba en él
tu recuerdo secreto y enlutado.

Había querido lavar su pecado
con agua bendita. Y arropaba
su cuerpo con una manta gruesa
                    y nítida
para que no supieras que su piel
morena estaba maldita.

Alguna vez te detuviste a pensar
en dónde estaba su alma escondida.
No sabías que la había sembrado
en las entrañas de la tierra
que sus manos cultivaban—
la tierra negra y húmeda de tu vida.

II. Marina Virgin

Of her own accord, before the altar
of the crucified god she knelt.
Because she loved you, she only saw
the bleeding man, and loved in him
her secret and mourning memory of you.

She tried to wash away her sin
with holy water, then covered her body
with a long, thick cloth
so you would never know
her brown skin had been damned.

Once, you stopped to wonder
where her soul was hidden,
not knowing she had planted it
in the entrails of that earth
her hands had cultivated—
the moist, black earth of your life.

III. La hija del diablo

Cuando murió, el trueno se reventó en el norte,
y junto al altar de piedra la noche entera
el copal ardió. Su mística pulsación para
siempre calló. Cayó hecho pedazos el ídolo
de barro sucio y viejo, y su nombre se lo llevó
el viento con un solo murmullo ronco:
su nombre tan parecido a la profundidad
salina del mar. Poco quedó. Sólo una semilla
a medio germinar.

III. The Devil's Daughter

When she died, lightning struck in the north,
and on the new stone altar the incense burned
all night long. Her mystic pulsing
silenced, the ancient idol
shattered, her name
devoured by the wind in one deep growl
(her name so like the salt depths of the sea)-
little remained. Only a half-germinated seed.

IV. Ella (Marina ausente)

Ella. Una flor quizá, un remanso fresco . . .
una noche tibia, tropical,
o una criatura triste, en una prisión
encerrada: de barro húmedo y suave:
es la sombra enlutada de un recuerdo
ancestral que vendrá por la mañana
cruzando el puente con manos llenas—
llenas de sol y de tierra.

IV. She (Marina Distant)

She. A flower perhaps, a pool of fresh water . . .
a tropical night,
or a sorrowful child, enclosed
in a prison of the softest clay:
mourning shadow of an ancestral memory,
crossing the bridge at daybreak,
her hands full of earth and sun.

Romance negro

Hay sabor de vainilla
en el aire dominical.

Melancolía de la naranja
que aún cuelga de la rama,
brillante y seductora,
sin esperanza de azahar.

Guadalupe se bañaba en el río
muy de tarde en un domingo.

Promesa de leche en los senos

Vainilla el olor de los cabellos

Canela molida el sabor de los ojos

Flor de cacao entre las piernas

Ah, la embriaguez de la caña
entre los labios.

Él se acercó y la miró así
rodeada del agua
inundada de tarde

Y en un instante arrancó la flor

Estrujó la leche hasta cambiarla
en sangre

Dark Romance

A flavor of vanilla drifts
on the Sunday air.

Melancholy of an orange,
clinging still,
brilliant, seductive,
past the promise of its blooming.

Guadalupe was bathing in the river
that Sunday, late,

a promise of milk in her breasts,

vanilla scent in her hair, cinnamon flavor in her eyes,

cocoa-flower between her legs,

and in her mouth a daze
of sugarcane.

He came upon her there
surrounded by water
in a flood of evening light.

And on the instant cut the flower
wrung blood from the milk

Desparramó la vainilla por el
silencio de la orilla

Bebióse el candente líquido
de los labios

Y después . . . después desapareció
dejando sólo un rastro de sombra
lánguida al borde del agua.

Su madre la encontró y al verla
sacó de su morral un puño de sal
y se la echó por el hombro.

Y a los pocos días su padre
recibió una yegua fina de regalo.

Y Guadalupe . . . Guadalupe colgó
su vida del naranjo del huerto
y se quedó muy quieta ahí
con los ojos al río abiertos.

Hay sabor de vainilla
en el ambiente de la tarde.

Una nostalgia ancestral
se apodera de la mente.

De la rama cuelga una naranja
todavía sin promesa de azahar.

dashed vanilla on the silence
of the river bank

drained the burning liquid
of her lips

And then he was gone,
leaving behind him a trail of shadow
drooping at the water's edge.

Her mother found her, and at the sight
took a handful of salt from her pouch
to throw over her shoulder.

A few days later, her father
accepted the gift of a fine mare.

And Guadalupe . . . Guadalupe hung her life
from the orange tree in the garden,
and stayed there quietly,
her eyes open to the river.

An orange clings to the branch
the promise lost of its blooming.

Ancestral longing
seizes the mind.

A scent of vanilla drifts
on the evening air.

Romance tejido

Verónica
Rosa de fuego blanco

Qué brizna astral se oculta
tras el chal negro de tu mirada?
Qué detalle de pasión primera
entretejes en el bordado?

Verónica
Pasión apenas si amante

Qué buscas en los pequeños
momentos del ayer sin tiempo?
Qué diseño dejaste incompleto
en el bastidor del sueño?

Verónica
Vestido de cuaresma

Qué bestia fiera entró de lleno
sin advertir esencia ni presencia?
Qué revolotear de mariposas
pasó de largo hacia la ausencia?

Verónica
Luto azul de rosa blanca

Woven Romance

Veronica
Rose of pale fire

What star-splinter hides
behind the black shawl of your gaze?
What detail of first love
is woven into the design?

Veronica
Passion barely loving

What are you looking for in the small
moments of a timeless yesterday?
What design is incomplete
on the frame of your dream?

Veronica
Lenten dress

What fierce beast came bursting in
Ignoring essence and presence?
What butterfly's wing
passed on the way to absence?

Veronica
Blue mourning of a white rose

Qué esencia de nardos ahogó
el humo sagrado del hogar?
Quién te dejó el corazón
inundado de olvido y de silencio?

Verónica
Rosa de fuego pálido
Pasión si amante apenas, ya consumida
Luto blanco en el baúl de la esperanza.

What spikenard scent was stifled
by the sacred smoke of home-fires?
Who left your heart
flooded with oblivion and silence?

Veronica
Rose of pale fire
Passion barely loving, yet consumed
White mourning in the hope chest.

Emily Dickinson

Como tú, soy de ayer,
de las bahías en donde
se ancla el día a
esperar su propia hora.

Como yo, eres de hoy,
del andar de esa hora
en la que apenas palpita
lo que aún no ha nacido.

Somos cultivadoras de
indecibles, tejedoras
de singulares, campesinas
migratorias en busca de
chinampas aún sin
siembra y sin cosecha.

Emily Dickinson

Like you, I belong to yesterday,
to the bays where
day is anchored to
wait for its hour.

Like me, you belong to today,
the progression of that hour
when what is unborn
begins to throb.

We are cultivators of
the unsayable, weavers
of singulars, migrant
workers in search of
floating gardens as yet
unsown, as yet unharvested.

La ciega

A mediodía anticipaba la redacción de su sombra
sobre el pavimento. Todo oscilaba, se mutaba
mientras el sol acumulaba sus granos de luz.
Mas ella fija esperaba a la otra.

Las dos de la tarde consumieron su propio fuego.
Y al mirar al suelo el deslinde de la sombra ya
no era ella.

Levantó entonces los ojos. Del racimo se des-
prendieron dos gotas de sangre. Y quedó ahí
fija y ciega.

El viento murmuro: "Ciega, la sombra es una ilusión,
una ilusión . . ."

The Blind Woman

At noon she waited for her shadow
to be composed on the pavement. Everything wavered,
changing, while the sun accumulated grains
of light. But she remained fixed, waiting for the other.

Two o'clock consumed its own fire.
And when she looked at the ground the border of the shadow
was no longer herself.

Then she raised her eyes. Two drops of blood
fell from the cluster. And she stayed there
fixed and blind.

The wind murmured: "Woman, the shadow
is a lie, a lie . . ."

Octubre

Siento pensando
al viejo octubre
pródigo de sosiego
de ramas desdentadas
y apagada incertidumbre.

Pienso sintiendo
el silencio
de los dioses latentes
en las semillas
que va arrastrando
sin vacilación
la luz del norte.

En la cuesta
las comadres platican
de la desventurada
que murió en octubre
hace dos otoños
al parir a un varón
que a los tres días
falto de esperanza
también sucumbió.

"Esas cosas no suceden"
alega una hoja moribunda
mientras fabrica
su epitafio transparente
en la planilla del aire
"No suceden en este reino,
hay que esperar al invierno"

October

Thinking, I feel
old October
generous with the calm
of toothless branches
and dim uncertainty.

Feeling, I think
the silence
of the gods latent
in seeds
swept away
without hesitation
by northern light.

On the hillside
old wives talk
about the luckless girl
who died two years ago
in October
giving birth to a boy
who, three days later
died as well
for lack of hope.

"Those things do not happen"
a dying leaf contends
as it fashions
its transparent epitaph
on the ledger-sheet of the air
"They do not happen in this kingdom,
one must wait for winter"

Caminando a solas

I.

Me ha quedado
un olor a sangre fresca
en las manos
y un silencio ancho
en el estómago
del que brotan sólo
a fuerza las palabras
porque he estado muy lejos
distante y ajena
caminando a solas
en predios extraños
entre mariposas
que llevan en la piel
un olor amarillo y tibio,
entre sueños
que se sueñan a sí mismos
y se aniquilan
en el preciso momento
del despertar.

II.

Vengo de lejos
de alcobas sin ventanas,
de una realidad
tan dura como el hielo,
de la enconada lucha
con la soledad y el miedo;

Walking Alone

I.

An odor
of fresh blood
has stayed on my hands
and in my stomach
a wide silence
from which words spring
only by force
because I've been very far away
distant and alienated
walking alone
in strange places
among butterflies
that carry on their skin
a warm yellow scent,
among dreams
that dream about themselves
and dismantle themselves
at the precise moment
of awakening.

II.

I come from far away
from windowless bedrooms,
from a reality
hard as ice,
from the fierce battle
with loneliness and fear;

vengo de un libro
entre cuyas páginas
por seis meses
como una rosa herida
he vivido.

III.
Caminando a solas
la luz gira
dentro de su sombra
y el tiempo anida
en el remolino del agua,
en los cuchillos
hay rosas muertas
y vuelan heridas
las palomas,
un niño y una niña
se dan la mano,
en esta noche
en que la obscuridad
es tan profunda
como la herida de luz
que las garras del amor
dejaron en la piel
tanto tiempo dormida.

Caminando a solas
en el paréntesis
entre placer y padecer
no hay mayor gloria
que la ausencia del dolor,
ni mayor pena
que la ausencia del amor.

I come from a book
between whose pages
I have lived
crushed like a rose
for six months.

III.
Walking alone
the light turns
within its shadow
and time builds a nest
in the whirlpool,
there are dead roses
on the knives
and doves
are flying wounded,
a boy and a girl
hold hands,
in this night
where darkness
is as deep
as the wound of light
left by the claws
of love on skin
so long asleep.

Walking alone
in the parenthesis
between pleasure and suffering
there is no glory greater
than the absence of pain,
no pain greater
than the absence of love.

IV.

A veces se me ocurre
el azul marino
entre las piedras
en donde el agua
dejó grabado
su epitafio
de sal endurecida

> El cirio emite
> su sonido
> cristalino
> y trágico
> El diablo ríe
> El agua se queja

Caminando a solas
a veces se me ocurre
la muerte en pleno mediodía
y en invierno
la voz dulciverde
del verano

V.

El año
La estación
El martirio
El pasajero sin destino
Toda el hambre del mundo
envuelta en hojas de maíz
La sopa de letras crudas
esparcidas por toda la mesa

IV.
Sometimes navy blue
occurs to me
among rocks
where water
has etched
its epitaph
in hardened salt

The candle emits
its tragic
crystalline
sound
The devil laughs
The water sighs

Walking alone
sometimes death
occurs to me at high noon;
and in winter
the greensweet voice
of summer

V.
The year
The season
The martyrdom
The traveller without destination
All the hunger of the world
wrapped in cornhusks
And raw alphabet soup
spilled on the table

El vendaval
La miseria
La furia
Y de vez en cuando
un diseño de garzas
en el cristal congelado
de la mañana

Caminando a solas
la hoja filosa del verso
se me hunde en la voz
y mi propio grito me despierta.

VI.
De vez
   en cuando
      es bueno
         bajar
            al sótano
               de la memoria
                  y darnos
               un baño
            de sombra
         para
       aprender
   a ser
luz . . .

The windstorm
The misery
The fury
And from time to time
a design of herons
on the frozen window
of morning

Walking alone
the razor-edge of verse
slices into my voice
and I am wakened by my own cry.

VI.
From time
    to time
        it's good
            to go down
                to the cellar
                    of our memory
                      and bathe
                  ourselves
                in shadow
            in order
        to learn
    to be
light . . .

Pasión sin nombre

Desdoblé el miedo
y observé al potro
desbocado de tu amor.

Quería que su crin
brillara entre
luciérnagas ocultas;

que tus manos
se cerraran en mi cuerpo
y desataran el nudo
ciego del viento dormido.

Mas no llegó el potro
con su crin brillante,
ni el roce de tu mano,
ni tú, antiguo amante.

Y mi cuerpo se quedó
muy quieto, centrado
en el blanco vestal
del viento huracanado.

Passion Without a Name

I unfolded my fear
and watched
the unbridled horse of your love.

I wanted his mane
to shine with
hidden fireflies;

Your hands to close around my body,
untie the blind knot
of the sleeping storm.

Yet the horse did not arrive
with its shining mane
nor the touch of your hand,
nor you, my love.

And my body became
very quiet, centered
in the vestal robe
of the hurricane.

Color de tierra y sangre
de sangre y agua,
sabor de gloria y leche
de leche y pena,
un dulce manantial
y un río que se desborda,
el viento que lo arrastra todo
y un gran vacío en el estómago,
es recorrer el mundo
con el alma a la intemperie,
entrar a cualquier café
en espera del milagro,
hacer inventario de recuerdos
en camino al trabajo,
es ver la mirada amiga
tornarse inquisitiva y seria
y desear la quietud del bosque
con cada golpe del agua,
una pasión
es un pozo cercado de violetas
y claveles que sangran
una pasión
es un grito abierto a su silencio.

Color of earth and blood
of blood and water,
flavor of glory and milk
of milk and pain,
a sweet spring
and a river in flood,
a wind of devastation
and a great emptiness in the stomach,
moving through the world
with the soul bare to the elements,
going into any café
in hope of a miracle,
counting through memories
on the way to work,
watching the eyes of a friend
turn serious and inquisitive,
longing for the stillness of the forest
with each fall of water,
passion
is a well ringed with violets
and blood-stained carnations
passion
is a cry open to its silence.

Reto

Cada amanecer cantamos
nuestra verdad
y entonces el mundo
pasa de largo por
la ventana
sin importarle nada.

Así es que llevemos
este amor hacia su día
amplio y bien lavado,
colguémoslo ahí
como una sábana,
y que el mundo
se ponga lentes obscuros
si le ciega el brillo
de su blanco pecado.

Challenge

Each morning we sing
our truth
and the world
goes right on past
the window
not caring at all.

So let's carry
this love toward its day
well-washed and wide,
let's hang it there
like a sheet,
and let the world
put on dark glasses
if it is dazzled by the light
of our immaculate sin.

Conciliación

He renunciado a esa pregunta
que en mis labios colgaba
como fruta agusanada
y me he adentrado
en la multiple condensación
de las horas
para arrancar
con mano firme
lo que era mío
desde un principio
porque en las alas batientes
hay un afán de cercanía
y espesura;
y ya no importa más
la futil impaciencia
del invierno
por recordar
sus primaveras,
ni la insolada narrativa
pesa más que
el jinete de la lluvia.

He llevado la respuesta
preambular y presentiva
hasta la finita conclusión
del cuento problemático:
y ya no importa
el timbre del teléfono
o alguien a la puerta;

Conciliation

I have given up that question
that used to hang on my lips
like a worm-eaten apple
and have entered into
the multiple condensation
of hours
to take
with a firm hand
what was mine
from the start
because in the beating of wings
there is a need for nearness
and solidity;
the useless impatience
of winter
to rediscover
its springs
no longer matters,
and the sunstruck narrative
weighs no more than
the horseman of the rain.

I have carried the prefacing
introductory answer
to the finite conclusion
of the problematic story;
it no longer matters
that the phone is ringing
or there is someone at the door;

soy yo quien sale a entrar
al cauce de las calles
y al lecho grande del día,
mientras mis manos
aves de temporada
tiñen sus nocturnos
de colores
de tiempo en tiempo.

I am the one who is going out
to enter the current of the streets
and the great bed of the day,
while my hands
seasonal birds
color their nocturnes
with ink
from time to time.

Presentimiento

El buho canta
plañidero preámbulo
de interrupción.

Cede la imposición
del sol candente.

En los retoños
del nopal milenario
una luz pulcra
dibuja las entrañas
de la historia.

Vibra de víspera
oportuna la mano
frágil y púrpura:

En la hoja delgada
de la memoria
la pestaña verde
del tiempo pinta
cerezas en el agua
                tierna.

De cálices indígenas
surgen presentimientos
de la sangre ausente.

Premonition

The owl sings
a plaintive overture
to interruption.

The burden of the scorching sun
gives way.

In the blossoms
of an ancient cactus
pure light
sketches the entrails
of history.

Its frail purple hand
trembles on the verge
of fortune:

On the thin leaf
of memory
the green lash
of time paints
cherries in tender
water.

From Indian chalices
emerge premonitions
of absent blood.

Paradoja

Extraña voluntad
la del poeta
que penetró
la selva
en busca
de una orquídea
negra
y en camino
se tropezó
con sus propios
ojos todos
llenos de lilas.

Y la del músico
que se llegó
al desierto
con flauta
y tambor
y en un giro
de sostenidos
lo llenó todo
de lluvia.

Y la del profeta
que caminó
hacia el mar
en busca
de continencia
y encontró
la cabellera
de la noche
suelta por la orilla.

Paradox

Strange, the desire
of the poet
who penetrated
the jungle
in search
of a black
orchid
and along the way
stumbled
across his own eyes
full of lilacs.

And of the musician
who went
into the desert
with flute
and drum
and with a run
of sharps
filled it full
of rain.

And of the prophet
who walked
toward the sea
looking
for chastity
and found
night's
hair
flowing
on the beach.

Y qué decir
de la mía
que busca amor
y sencillez
de luz
y a cada paso
encuentra
el púrpura
del misterio
que la rinde
toda llena
de palabra.

And what shall I say
of mine
that looks for love
and the simplicity
of light
and finds
at every step
the purple
of mystery
that fills it
full
of words.

Y todas las preguntas?

Flota el éter verde de tu mirada
como un papalote líquido
en medio de la sequía
y en el sutil temblor
de la primera hoja muerta
vibra siempre una pregunta:

Palabras sin timón ni vela
Semillas sin espiga o tierra
Garzas en pos del Sur benigno
—Y yo en medio de ellas.

Amor, a qué debo tu ausencia?

Creado en el obscuro profundo de Dios
el amor como un buitre indiferente
se prende de la rama desnuda de la vida,
no reconoce color, credo o edad
sólo la debilidad del corazón humano.

Por qué todos mis *por-qués* tienen garras?

Por qué son todos pájaros murientes?

Qué voy a hacer con todas mis preguntas?

And All My Questions?

The green ether of your gaze floats
like liquid fireworks
in a time of drought
and in the subtle trembling
of the first dead leaf
a question vibrates:

Words without rudder or sail
Seeds without stem or earth
Herons in search of the tender South
—and I in their midst.

Love, to what do I owe your absence?

Created in the dark depths of God
love like an impassive vulture
sits on the naked branch of life,
not recognizing color, creed or age
but only the weakness of the human heart.

Why do all my "why's" have claws?

Why are they all dying birds?

What am I going to do with all my questions?

Memoria total

Una mañana me despertaré
y lo habré olvidado todo
Mis ojos buscarán lo blanco
sin saber que son la nieve misma
estaré en todas partes
por no estar en ninguna
con el tiempo total en las manos
y sin más espacio
que aquel suspendido
entre muerte y olvido

Entonces lo sabré todo